Tanouki

Dieu
ex nihilo

Le paradoxe de la création

Croyances, athéisme
et représentations

Relectures

ISBN 979-8-9992373-0-9

Sommaire

Avant-propos

Dieu : y croire ou ne pas y croire ?

Le dilemme se pose-t-il vraiment ainsi ?

La vraie question ne serait-elle pas plutôt « Dieu existe-t-il ? », ou plus exactement « une entité que l'on appelle Dieu existe-t-elle ? »

La problématique est donc existentielle.

Or, l'existence est quelque chose de factuel ou d'hypothétique. Mais toute hypothèse renvoie inévitablement au factuel.

C'est pourquoi les philosophes des monothéismes, qui étaient bien souvent plus théologiens que philosophes, ont toujours cherché dans la raison des arguments en faveur du dieu unique, sinon des preuves de son existence.

La méthode était néanmoins toujours philosophique ou plus précisément théologique. La théologie partant de l'existence de Dieu comme un apriori à toute démarche intellectuelle, qu'elle soit philosophique ou scientifique.

La science, domaine de prédilection du factuel, est longtemps restée assujettie à la théologie, gardienne de la connaissance. Elle s'en est finalement émancipée, au fil des siècles, au point de détenir le quasi-monopole de la connaissance et donc du factuel.

C'est alors que certains auteurs contemporains, persuadés de l'existence de Dieu, entreprennent d'interroger la science dans l'espoir d'y trouver des confirmations, voire des preuves.

C'est pourtant une démarche qui élude la question première : Dieu, qu'est-ce que c'est ?

En réponse à cette question, obtient-on quelque chose de cohérent ?

C'est ce qu'il convient de déterminer par l'examen des conceptions de Dieu données par les religions monothéistes, mais également par la lecture des efforts de certains théologiens pour résoudre les incohérences qui ne peuvent manquer d'apparaitre en première analyse. Peuvent-ils nous convaincre ?

Daniel Massé, au siècle dernier, disait de la théologie qu'elle était « *l'art de prendre et de faire prendre des vessies pour des lanternes* ». Avait-il tout à fait tort ?

À chacun d'en juger.

En face de la croyance en Dieu se trouve un certain nombre de positions philosophiques, ou considérées comme telles, dont la plus catégorique est l'athéisme.

Qu'est-ce que l'athéisme ? Et, qu'est-ce qu'il n'est pas ?

À ne voir dans l'athéisme qu'un courant philosophique ou un projet de société, comme le suggèrent certains auteurs, ne passe-t-on pas à côté d'un nouvel athéisme, plus commun, plus répandu et peut-être indéfectible, et qui ne cesse de progresser ?

Devra-t-on lui opposer l'affirmation de Paule Levers selon laquelle Dieu serait « le désir fondamental de toutes les consciences » ?

Ce petit livre tente de répondre à toutes ces questions de façon simple, en faisant appel au sens commun dont tout un chacun et pourvu. Inutile de se perdre dans un étalage de connaissances comme dans ces livres aux longueurs interminables. Quelques citations des auteurs les plus marquants suffiront. Elles permettront de se faire une idée sur ce qui s'est dit et ce qui se dit.

Quoi qu'il en soit, ce qui importe ici, c'est d'aller à l'essentiel.

Dieu existe-t-il ?

Dieu existe-t-il ?

Est-ce vraiment une question que l'on se pose ?

En général, c'est plutôt : « Croyez-vous en Dieu ? » ou « Est-ce que je crois en Dieu ? ».

On pourrait légitimement penser que les réponses à ces deux questions répondent également à la première. Cependant, elles ne font que répondre à la question « Croyez-vous que Dieu existe ? » ou à « Est-ce que je crois que Dieu existe ». On est donc toujours dans le domaine de la croyance, c'est-à-dire dans une acceptation a priori ou un rejet a priori. Or, ici, ce n'est pas tant de croyance que d'existence dont il est question.

Et pourquoi Dieu avec une majuscule ? Ne faudrait-il pas poser une question plus neutre : « Existe-t-il un dieu ? » ou « Croyez-vous en un dieu ? »

C'est que, d'une manière générale, la question posée concerne le dieu du monothéisme, lequel est bien défini et dont chacun a, peu ou prou, entendu parler ou a été élevé au sein de l'une des trois religions monothéistes.

La question « Dieu existe-t-il ? » paraît donc légitime et ne devrait-elle pas être la seule question possible ? De même qu'il ne s'agit pas savoir si l'on croit ou non aux extraterrestres, mais si les extraterrestres existent, ou, plus précisément, s'il est possible que des êtres extraterrestres existent.

La plupart du temps, pour répondre à cette question, on va chercher des réponses, ou des arguments, dans la philosophie ou la science.

Mais, quelle personne, croyante ou non, un tant soit peu éduquée, même en possession de tous les diplômes nécessaires à l'obtention d'un jugement lucide, est capable d'ingurgiter et de digérer la somme imposante de textes, souvent indigestes, que peu ont lus, hormis les doctorants et les philosophes de profession ? : Platon, Aristote, Augustin d'Hippone, Thomas d'Aquin, Descartes, Spinoza, Kant, Hegel, Schopenhauer, Nietzsche ; pour ne citer que quelques-uns des auteurs, les moins récents, qui peuplent le panthéon des philosophes, auxquels on fait appel pour répondre aux questionnements sur l'existence de Dieu. Sans compter les références aux découvertes et hypothèses scientifiques les plus récentes, plus ou moins bien comprises, et qui parfois sont totalement dépassées à l'heure où l'on s'y réfère.

La plupart des auteurs contemporains, qui traitent du problème de l'existence de Dieu, se perdent dans des citations et des analyses qui noient le lecteur lambda, lequel, souvent incapable de juger du bien-fondé de ces analyses, soit abandonne la lecture en cours de route, soit en fait une lecture rapide et en accepte les conclusions qui le confortent dans ses convictions, ou, non convaincu, les refuse purement et simplement.

Néanmoins, une fois la question posée, on ne peut se dispenser d'examiner le concept, l'idée même, de ce Dieu du monothéisme. La première question à laquelle on se doit, sinon de répondre, du moins tenter de répondre, n'est-elle pas « Dieu c'est quoi, exactement ? »

D'après le philosophe Michel Meyer, « *Quoi de plus naturel, au départ, que de s'interroger sur le point de départ ? Cette question n'est-elle pas, par définition, la première de toutes ? Mais qui commence quoi que ce soit en la posant ? La réponse n'est-elle pas considérée comme évidente ? [...] Le cas de l'axiome semble exemplaire : quoi de plus indiscutablement premier que lui ? Ce serait oublier qu'il n'est là que pour justifier. Il ne s'impose qu'après coup. S'il est premier, ce n'est que par rapport à ce qui suit, mais c'est ce qui suit qui permet de le découvrir. Cela revient à conclure que, pour connaître un point de départ, même aussi assuré que l'axiome, il convient au préalable de découvrir de quoi il l'est, ce qui est paradoxal si ce doit être lui qui, en bonne logique, doit faire accéder à tout le reste et le précéder.* »[1]

Remplaçons le mot « axiome » par « Dieu » et l'on se trouve devant une problématique qui comporte de grandes similitudes.

Dieu n'est-il pas, pour toute religion théiste, qu'elle soit poly ou mono théiste, l'axiome premier ?

Or, Dieu, pour ne considérer que celui du monothéisme[2], n'est envisageable, de prime abord, que par les attributs qu'on lui donne et les actions qu'on lui prête.

---

[1] Michel Meyer, *Questionnement et historicité*, collection Quadrige, PUF, chapitre 1, La question du questionnement, p 7

[2] Au cours de ce texte, le mot « dieu », lorsqu'il n'est pas précédé d'un déterminant et désigne ainsi le dieu du monothéisme, sera commencé par une majuscule, car, celui-ci étant unique et personnel, le terme devient en quelque sorte un nom propre désignant un être unique en son genre.

Par conséquent, s'il existe différentes façons d'appréhender le problème de l'existence de Dieu, il en est une qui apparaît comme particulièrement légitime, c'est celle de s'interroger sur le concept même de Dieu.

Mais comment interroger un tel être dont on n'a pas la connaissance directe et qui fait l'objet d'une croyance où la raison n'a, bien souvent, que peu de place et qui n'est pas, à proprement parler, une hypothèse ? Les trous noirs sont une hypothèse, ou du moins l'étaient jusqu'à récemment, dans le domaine de l'astrophysique, lequel demande des connaissances et des compétences particulières. Rien de tel avec Dieu qui ne devient hypothèse que lorsqu'on met le concept, et donc les attributs qui le définissent, à l'épreuve de la logique. Une logique toute simple qui se passe des théories scientifiques et des réflexions philosophiques ou théologiques absconses. Une logique accessible à tout un chacun et qui, il faut le souligner, n'était pas étrangère aux méditations des penseurs médiévaux.

La façon la plus directe d'interroger l'existence de ce Dieu, cet être qu'on vénère, qu'on ne peut expliquer, mais qui est au centre et à l'origine des religions monothéistes, c'est donc de questionner ses attributs.

Mais, poser le problème de son existence, c'est aussi, à travers l'examen de ses attributs, questionner sa crédibilité : est-il plausible ? Et au-delà, c'est le degré d'acceptabilité de ce concept d'un dieu unique qui interpelle.

Tout d'abord, de quel être est-il question ? Quels sont ses attributs ? En somme, quand on nomme Dieu, de quoi parle-t-on ?

Le dieu des monothéismes : de quoi s'agit-il ?

Ce dieu, dont il est pourtant dit qu'il n'est pas définissable et qu'on ne peut ni le prouver ni l'infirmer, est néanmoins traditionnellement pensé comme un être personnel, immatériel, unique, éternel, tout puissant et créateur de toute chose.

Quel est le sens précis de chacun d'entre eux et qu'est-ce que cela implique ?

L'unicité de Dieu signifie qu'il est seul de son état, le seul à posséder ses attributs.

Dire que Dieu est un être personnel, c'est affirmer qu'il n'est pas un astre, comme le soleil, qu'il n'est pas assimilable à la nature, que c'est un être doté de conscience et de volonté. La notion d'être personnel associé à celle d'immatérialité renvoie à la notion de pur esprit et donc à celle d'une entité purement « mentale »[3]. On pourrait dire aussi qu'il n'est que pensée pure, même si cette expression est un peu maladroite.

L'éternité signifie absence de début et de fin, donc absence de temporalité.

Le terme créateur impliquant que celui-ci préexiste à sa création, la toute-puissance indiquant qu'il est cause de toute chose, et, en y associant son unicité, cela signifie qu'il est le Tout, que rien n'existe en dehors de lui « avant » la création.

---

[3] Si le terme « mental » est sans doute ici ambigu dans la mesure où il s'applique en principe à un être humain, donc à un être matériel, il facilite néanmoins la représentation de ce que pourrait être un esprit pur dans le sens donné par les religions.

Précisons également que, par « toute chose », on entend tout ce qui constitue non seulement l'univers que nous connaissons avec son espace-temps, mais ce qui fait que cet univers existe et, en extrapolant, le fait qu'il y a de l'être, indépendamment de notre univers (si tant est qu'il puisse y avoir autre chose) et indépendamment de l'être divin lui-même.

La création n'est-elle pas l'action première qui détermine le dieu du monothéisme ? L'attribut de créateur n'est-il pas au départ de l'idée que l'on s'en fait et qui lui confère sa toute-puissance ?

Le texte de la Genèse qui ouvre la bible, ce livre sacré à partir duquel se sont développées les religions monothéistes, et qui encore considéré par beaucoup comme un texte fondamental, montre bien que le concept de création est essentiel à l'idée de Dieu, et que, sans ce concept, il n'aurait ni consistance ni même de raison d'être.

La première phrase du crédo des chrétiens nous l'affirme :

« *Je crois en Dieu, le Père tout puissant, créateur du ciel et de la terre.* »

Emil Brunner, pasteur et théologien suisse (1889-1966), nous le confirme : « *Dire que Dieu a tiré le monde du néant, c'est affirmer tout d'abord que Dieu est Dieu. [...] C'est seulement parce que et dans la mesure où il crée à partir du néant que le Dieu créateur est souverain.* »[4]

Cette conception a-t-elle vieilli ? Pour certains penseurs et théologiens chrétiens contemporains, il semble effectivement que ce soit le cas, car si on l'examine de plus près, l'idée de création est-elle compatible avec les autres attributs de ce dieu unique, personnel, éternel, intemporel, immatériel et tout puissant ?

Pour en avoir une meilleure idée, examinons chacun des attributs en les mettant en rapport avec les autres attributs.

On se trouve tout d'abord face à l'affirmation d'une création, par un être personnel et immatériel, à partir de rien. C'est ce que souligne l'expression « ex nihilo » : à partir de rien. Rien, c'est aussi ce qu'on appelle le néant.

Mais qu'est-ce que le néant ?

Loin d'être un espace vide comme le voudrait une imagination simpliste, car l'espace c'est encore quelque chose, le néant implique une absence totale d'être. Ce qu'il est difficile d'imaginer puisque par définition on ne peut avoir la représentation du non être.

En jouant sur les mots, on pourrait dire qu'avant la création Dieu est présent dans l'absence. Ou, pour le dire autrement, il faudrait accepter l'idée qu'en dehors de la création ce dieu unique est une entité consciente présente dans le non-être, ou que le non-être contient de la conscience. Deux affirmations également absurdes

---

[4] Emil Brunner, trad. Étienne Trocmé, *La Doctrine chrétienne du Dieu Créateur*, Revue d'histoire et de philosophie religieuses, 34e année n°4,1954, p. 333 et 334

puisque les idées de contenu ou de présence ne concernent que l'être. Dire que Dieu est « une entité purement mentale dans rien » ne résout pas, non plus, le problème. Et, il est inutile d'ajouter « nulle part » puisque « rien » implique l'absence d'espace-temps, donc de lieu.

On nous répondra que la question de l'existence de Dieu n'a pas à être posée ainsi, dans la mesure où précisément Dieu c'est de l'être, que c'est même l'être suprême. On en conclura alors que la notion de néant n'a aucune légitimité, qu'elle est pure spéculation intellectuelle, qu'il y a toujours eu de l'être puisqu'au départ était Dieu, lequel est éternel et qu'il représentait alors tout l'être, c'est-à-dire qu'il n'y avait rien en dehors de lui. C'est alors la notion de création ex nihilo qui perd également tout son sens.

Arrivé à ce stade de la réflexion, on ne comprend toujours rien.

Pour résumer, il est difficile d'imaginer une conscience en l'absence de quoi que ce soit d'autre et surtout de substance matérielle. On est, a priori, face un être incompréhensible.

Il n'est pas interdit, à ce stade de la réflexion, de considérer une telle entité soit comme absurde soit comme purement abstraite, car il est difficile, voire impossible, de la concevoir.

Néanmoins, force est de constater que, pour la plupart des croyants sinon la majorité, l'existence de Dieu comme préalable à toute existence matérielle ne présente aucune difficulté. Qu'ils aient une conception naïve et anthropomorphe de Dieu, ou qu'ils considèrent

que celui-ci est au-delà du compréhensible, autrement
dit qu'il n'a pas à être compris ni expliqué, mais que
son existence doit être acceptée sans autres
considérations, avec parfois une approche dite
spirituelle.

Le problème soulevé ici est celui de la
représentation.

Qu'est-ce qu'une représentation ?

Croyance et représentations

La représentation est une image mentale qui permet de concevoir, ou de visualiser, mentalement une chose ou une personne absente, ou quelque chose d'abstrait ou d'inexistant, mais que l'on peut rattacher à des personnes ou à des choses concrètes. Un menuisier a la représentation mentale de la table qu'il veut fabriquer. Un dessinateur conçoit son dessin avant de le réaliser, il se le représente mentalement. On peut imaginer une licorne, un cheval avec une corne sur le milieu du front, parce qu'on sait ce que sont un cheval et une corne. On peut aussi avoir la représentation de la méchanceté ou de la gentillesse en se remémorant ou imaginant une personne ayant eu un comportement que l'on peut qualifier de méchant ou de gentil.

Mais avoir la représentation d'un être purement esprit, éternel, unique et totalité de ce qui existe, et qui plus est, capable de produire de l'énergie et de la matière à partir de rien, est proprement impossible. Ou on accepte la chose comme une vérité pure et indiscutable ou l'esprit achoppe et ne peut intégrer cette idée. On peut, bien sûr, extrapoler à partir d'un être humain ayant atteint la perfection dans tous les domaines et qui n'aurait pas de corps. C'est ainsi que l'imagination crée les anges, les jnouns et autres esprits tels que les démons. Mais, ce sont là des représentations anthropomorphes. On imagine le diable comme une personne malfaisante et malintentionnée et Dieu comme un père, un être doué de sentiments humains. Mais c'est là une conception naïve.

La question qui se pose ici est de savoir si l'on peut parler de croyance, ou de foi, en l'absence totale de représentations de l'objet de cette croyance.

Penser Dieu sans représentations mentales, est-ce possible ?

Quand bien même doit-on supposer son existence comme un a priori insaisissable par l'entendement humain, il est déterminé par ses attributs qui s'articulent autour de son statut de créateur, au centre même de sa définition. Car, s'il n'y a pas de véritable définition (au sens précis du terme) de Dieu, celui-ci est néanmoins défini par ses attributs. Il ne peut d'ailleurs en être autrement. Peut-on croire en quelque chose qui n'est pas, dans une certaine mesure, déterminé. Ainsi, on est en droit de considérer que les attributs, qu'on lui donne, le définissent.

Or, si pour appréhender Dieu il est nécessaire d'examiner ses attributs, ceux-ci ne peuvent être compris sans leurs représentations. Pour le comprendre, examinons certains de ces attributs en lien avec le concept de création.

Un être éternel créateur du monde - Les contradictions Le paradoxe

Examinons les idées d'un être éternel, c'est-à-dire l'idée d'éternité en lien avec celle de création.

L'idée de « monde », qui correspondait chez les anciens à notre terre et à l'univers dont elle était supposée être le centre, doit être élargie (comme on l'a dit précédemment) non seulement à l'univers tout entier, mais à toute substance, énergie comprise, à l'origine de l'univers, notamment ce qui pourrait exister au-delà de cet univers qui est le nôtre et qui fait que celui-ci existe (création du monde signifiant création de tout ce qui ne serait pas Dieu lui-même).

Ainsi, ce dieu unique est, de par sa nature éternelle, sans passé ni futur, dans un présent absolu. L'éternité, en l'absence totale d'êtres autres que Dieu lui-même, implique l'absence de temporalité.

Il est seul, éternel et tout puissant : c'est peu dire qu'il se contente d'être, il s'épuise dans son être. Et dire cela, c'est dire qu'il n'a nulle nécessité de créer ni de l'espace-temps ni d'autres êtres puisque par définition il se suffit à lui-même. Il est le Tout.

Ainsi, il n'est pas interdit d'affirmer que le concept de création est une négation de l'éternité et donc de Dieu en tant qu'il est éternel.

Pour comprendre cela, il faut adopter une vision plus naïve de ce que représente l'idée de création associée à celle d'éternité. Ainsi, s'il fallait raisonner comme un enfant n'ayant reçu aucune éducation religieuse, ignorant même l'idée de Dieu, et à qui un adulte téméraire entreprenait d'inculquer des rudiments de croyance, on pourrait poser la question suivante :

« Mais quand ce dieu a-t-il donc décidé de créer le monde, et pourquoi à cet instant précis, pourquoi pas avant ou plus tard ? »

« *Dieu a donné naissance au temps. « Avant » la Création, le temps n'existait pas. C'est pourquoi la question : « Que faisait Dieu avant la Création ? » est une question stupide. C'est la Création qui entraîne l'existence d'un avant et d'un après.* »[5] Répondait le pasteur et théologien suisse Emil Brunner, au siècle dernier, et qui ne faisait que reprendre ce qu'en disait Augustin d'Iponne (Saint Augustin) quinze siècles auparavant[6].

« Bonne réponse ! » pourrait-on dire, étant donné que l'éternité, impliquant l'absence d'instant, il n'y a donc pas d'« avant » ni d'« après ».

La stupidité n'est, cependant, qu'apparente.

Pour comprendre cela, il faut penser au plus près ce que signifie la notion d'éternité. Soit on la conçoit comme la représentation, considérée comme simpliste,

---

[5] Emil Brunner, trad. Étienne Trocmé, *La Doctrine chrétienne du Dieu Créateur*, Revue d'histoire et de philosophie religieuses, 34e année n°4,1954, p. 331-332

[6] « *Un esprit léger s'élance déjà peut-être dans un passé de siècles imaginaires, et s'étonne que le Tout-Puissant, créateur et conservateur du monde, l'architecte du ciel et de la terre, ait laissé couler un océan d'âges infinis sans entreprendre ce grand ouvrage. Qu'il sorte de son sommeil, et considère l'inanité de son étonnement ! Car d'où serait venu ce cours de siècles sans nombre dont vous n'eussiez pas été l'auteur, vous, l'auteur et le fondateur des siècles ? Quel temps eût pu être, sans votre institution ? Et comment se fût-il écoulé, ce temps qui n'eût pu être ?* », Augustin d'Iponne, *Les confessions* - livre onzième - chapitre XIII traduction de M. Moreau (1864)

mais commune, d'une infinité d'instants mis bout à bout, et alors les considérations d'un avant et d'un après se justifient parfaitement ; soit, estimant cette vue de l'esprit comme erronée, on la remplace par l'idée, qui semble plus logique, de « présent total ». C'est-à-dire absence de passé et de futur. Et alors là, tout se complique. Car, avec le présent total, tout se fige. L'acte n'existe pas, et ne peut pas exister. L'acte est inséparable de la temporalité, d'autant qu'il suppose la volonté, laquelle précède l'acte. Et l'acte par excellence de Dieu, et qui fait qu'il est ce qu'il est, c'est la création.

Ainsi, ce dieu créateur introduirait un point d'impact sur cette éternité qu'il annihilerait en créant de l'instant, avec un « après » et donc un « avant ». Cet instant zéro, crocheté à l'éternité, l'altère en introduisant un « après », lequel suppose un « avant ».

On est ici également confronté à un problème de représentation. Ainsi, si l'on considère l'idée d'éternité, non comme une infinité d'instants ou comme une ligne continue qui n'a pas de limite, mais comme un présent total (absence de passé et de futur) on peine à imaginer un instant zéro comme point de départ d'une temporalité créée à partir de ce présent total. On reste dans des notions purement abstraites qui ne permettent aucune représentation et qui ne peuvent en aucun cas se déduire des théories astrophysiques telles que le big bang, ainsi que le font certains auteurs afin de donner à l'idée de création un semblant de rationalité.[7]

---

[7] Il est à noter que les notions de temps et d'éternité diffèrent profondément selon les points de vue, philosophique, théologique ou scientifique. En mathématique on parle plutôt d'infini. Le temps et l'éternité sont donc des notions délicates à manipuler.

L'hypothèse Dieu, pour ne pas dire l'axiome Dieu, postule un départ ponctuel du temps à partir d'un présent absolu. La ponctualité de départ du temps ne fait l'objet d'aucune conclusion astrophysique, la théorie du big bang, quant à elle, ne parle que de singularité. Stephen Hawking et Léonard Mlodinow nous le confirment :

« *Pourtant, même si cette théorie nous fournit une description valable des premiers instants de l'Univers, on aurait tort de la prendre au pied de la lettre et de croire que la théorie d'Einstein dépeint la vérité sur l'origine de l'Univers. La raison en est que la relativité générale prédit l'existence d'un point temporel où la température, la densité et la courbure sont toutes infinies, une situation connue des mathématiciens sous le nom de singularité. Pour un physicien, cela signifie simplement que la théorie d'Einstein bute en ce point et que, par conséquent, on ne peut l'utiliser pour comprendre les premiers instants de l'Univers, mais seulement son évolution ultérieure. Si on peut donc exploiter les équations de la relativité générale et nos observations célestes pour comprendre l'Univers primordial, il n'est en revanche pas correct de pousser l'image du Big Bang jusqu'à l'instant initial.* »[8]

Pour en revenir à l'hypothèse théiste de la création, l'éternité c'est Dieu lui-même et rien d'autre. La création l'entraîne dans cette temporalité qu'il a malencontreusement créée. Car si cette temporalité était indépendante de lui, on serait alors en droit de douter qu'il en fût le créateur ? Par ailleurs, ses interventions directes ou indirectes au sein de sa création, et dont la temporalité ne peut être remise en cause par les croyants, constituent des indications indéniables de ses

---

[8] Stephen Hawking et Léonard Mlodinow, trad Marcel Filoche, *Y a-t-il un grand architecte dans l'Univers ?*, p. 158 et 159

intrusions temporelles. N'est-ce pas précisément les trois grandes religions monothéistes qui nous en font les récits : les interventions de Dieu contées dans la Bible sont nombreuses ; chez les chrétiens, la date de naissance de Jésus-Christ (incarnation de Dieu) ainsi celle de sa mort, fussent-elles approximatives et incertaines, font l'objet de débats ; de même les inspirations du prophète des musulmans dont les datations ne doivent, pour eux, pas être un problème.

Ainsi, la question « que faisait le fils de Dieu avant l'apparition de Jésus-Christ sur terre ? » n'est pas dénuée de bon sens ni de logique. Répondra-t-on « rien ! », comme Saint-Augustin en réponse à la question « que faisait Dieu avant la création ? »

Du point de vue d'un raisonnement logique, Dieu est intrinsèquement lié à la temporalité qu'il a créée. Cette création du temps n'est-elle pas une corruption de l'éternité de Dieu ?

Ensuite, le concept de création renvoie également à la notion de contingence, celle-ci qualifiant ce qui peut être ou ne pas être, c'est-à-dire n'ayant pas de nécessité. Cette notion est donc incompatible avec celle d'éternité. Ce qui est éternel étant de facto nécessaire.

D'autre part, la création ne peut que produire de la contingence puisqu'aucune nécessité ne s'y rattache. Autrement dit, Dieu, qui est déjà le Tout, n'ayant donc pas besoin de création pour être, crée ipso facto de la contingence.

Arrivé à ce stade de la réflexion, on se trouve face à plusieurs contradictions. Tout d'abord, la notion de contingence est-elle compatible avec l'idée de l'unicité de Dieu ? Celui-ci étant le Tout, ce qu'il crée devrait faire immanquablement partie de lui-même[9]. Néanmoins, étant déjà totalité, il ne peut augmenter son être divin. De plus, il ne peut introduire en lui-même de la contingence, ce qui serait contradictoire en regard de sa nature divine.

Mais, nier que sa création fasse partie de lui-même en ce qu'il n'est pas dans ce qu'il crée, selon le principe que toute créature est, a priori, indépendante de son créateur, et que d'autre part, il ne peut introduire en lui-même de la contingence, amène à conclure qu'il n'est plus le Tout, celui-ci ne pouvant être augmenté de quelque chose qui n'en ferait pas partie.

Il faudrait alors considérer que dieu s'est délibérément départi, dans un cas comme dans l'autre, de son caractère divin, puisqu'il annihile son intemporalité, donc de la nature éternelle de son être, de sa totalité et de sa toute-puissance, puisque ce qui est contingent existe indépendamment de lui.

Soulignons également que la notion de création suggère l'idée d'un désir, dans le sens de vouloir quelque chose que l'on ne possède pas ou qui n'existe pas, a priori. Notion incompatible avec celle d'un dieu éternel et tout puissant. On remplace généralement cette notion par celle de volonté. Ainsi, la création est le résultat de la volonté de Dieu. Or, la volonté de Dieu étant nécessaire (nécessité de conséquence comme le souligne Thomas d'Aquin, non pas nécessité

---

[9] Ainsi qu'on l'a vu plus haut, la notion de néant n'ayant aucun sens puisqu'il y a toujours eu de l'être (Dieu lui-même), il faut donc en conclure que Dieu crée à partir de lui-même.

conditionnelle[10]), la création existe donc nécessairement et ne peut être considérée comme contingente. Ce qui contredit ce qui précède et ce qui implique aussi que, la volonté de Dieu étant éternelle, la création l'est également. Il faudrait alors en déduire que Dieu crée de toute éternité, ce qui signifierait que le temps existe de toute éternité (puisqu'il fait partie intégrante de la création), ce qui est contradictoire en soi, mais également avec l'idée d'une création ex nihilo.

On devrait alors conclure que le concept de création est incompatible avec l'idée d'un dieu possédant les attributs que lui connaissent les religions monothéistes.

Pourtant, comme souligné précédemment, et confirmé par le théologien Emil Brunner : Dieu ne peut pas ne pas avoir créé. Autrement dit, Dieu n'est Dieu que parce qu'il a créé. Dieu, sans la création, n'est plus une déité.

Ainsi, la notion de création rapportée aux notions d'unicité, d'immatérialité, d'éternité et de toute-puissance repose sur tout un ensemble de contradictions qui débouchent sur un paradoxe : le « Paradoxe de la création ». C'est aussi dire que Dieu est un être éminemment paradoxal.

Ces réflexions rejoignent ce qu'en dit le philosophe Vincent Citot : « *Au sens strict, Dieu n'est pas autre chose que l'Absolu comme tel. Que les religions aient*

---

[10] La nécessité de conséquence caractérise ce qu'est une chose par nature, la nécessité conditionnelle signifie que sans une chose, une autre chose ne peut se produire (les yeux sont nécessaires à la vision).

besoin d'humaniser Dieu en l'imaginant barbu, trônant quelque part dans le ciel, surveillant les hommes, pestant, grondant ou récompensant, c'est leur affaire. Ce Dieu passionné et inquiet, pourtant, c'est un homme ! L'idée de Dieu est l'idée de l'Absolu, de ce qui n'est pas relatif, de ce qui n'a pas besoin d'être en relation pour être et qui, du coup, n'est en relation avec rien, n'est en relation qu'avec lui-même, jouit de soi éternellement sans distance ni différence. Or, c'est là ce qui n'est pas pensable, pour une raison évidente : la pensée comme telle est l'introduction de cette différence interdite. Penser, c'est analyser, relier, objectiver, découper et raccommoder : la pensée exclut, dans son être même, qu'elle puisse être pensée de Dieu. Penser Dieu, c'est tuer Dieu ; c'est en faire un objet contradictoire. » [11]

En résumé, s'il y a un dieu, il ne peut être que créateur de tout ce qui est, ce qui, néanmoins, est incompatible avec sa nature. Il apparaît donc comme un être purement fictif, dont l'existence est impossible.

L'incompatibilité de la notion de création avec celle de Dieu permettrait ainsi de conclure qu'il n'y a pas eu de création, donc pas de dieu non plus. Et si l'on se targuait d'y voir une quelconque preuve, on pourrait la formuler de la façon suivante : *le fait même qu'il y a de l'être est la preuve ultime que Dieu n'existe pas.*

En le disant plus simplement : *l'existence de*

---

[11] Vincent Citot, *La tentation métaphysique et l'exigence philosophique*, revue, Le Philosophoire 1999/3 n° 9, article, La Métaphysique (consultable sur Cairn.info), p. 67

l'univers prouve l'inexistence de Dieu.

En réalité, plutôt que de prouver l'inexistence de Dieu, il s'agit là de montrer que les représentations classiques des attributs qui le définissent ne tiennent pas la route, pour parler trivialement.

On peut bien sûr considérer tout cela comme un jeu de l'esprit, un jonglage avec des concepts et la logique, et que l'on reste au niveau d'une pure spéculation intellectuelle en se basant sur des représentations naïves.

Sans doute, mais c'est une spéculation qui utilise la logique pour mettre en question une autre spéculation qui, elle, s'est construite sur une logique d'un tout autre ordre où les images abstraites et sentiments priment sur la raison. Quant aux représentations supposées naïves, si elles ont été combattues, et le sont encore, par de nombreux théologiens c'est qu'elles sont opérantes et qu'elles sont le fait de l'immense majorité des croyants.

On peut également objecter que cette logique à la base de cette réflexion est une logique tout humaine, et que précisément ce Dieu est au-delà de l'humain, au-delà de la logique humaine, au-delà même de toute logique. Mais alors, si tel est le cas, les notions, toutes humaines, n'ont aucune légitimité pour définir les attributs de Dieu. Ce qui reviendrait à ce qu'on appelle la théologie négative (appelé aussi apophatique), consistant à dire que Dieu n'est ni ceci ni cela, ni tout ce que l'on peut imaginer, en partant du principe de « *l'inadéquation foncière de nos représentations et de nos énoncés par rapport au mystère de Dieu* »[12].

C'est ce que Yves Tesmontant se proposait de nous expliquer au siècle dernier[13]) :

« *Les représentations de Dieu suggérées par le comportement de ceux qui prononcent ce nom, ou par l'enseignement dit « religieux », jouent certainement aussi un grand rôle, en tant qu'obstacles, dans cette répulsion que manifestent tant de nos contemporains et souvent parmi les meilleurs – à l'encontre de l'idée qu'ils se font de Dieu. Or, toute la tradition biblique, juive et chrétienne, s'acharne à le répéter : il n'y a pas de représentation de Dieu. Toute représentation de Dieu est inévitablement obstacle, anthropomorphisme et idolâtrie. La théologie et la mystique chrétiennes orthodoxes répètent la même chose : il faut éliminer les représentations, qu'elles soient visuelles, ou affectives. Le Dieu vivant est un Dieu caché. [...] Et c'est bien pourquoi il est tellement important, urgent, d'élaborer aujourd'hui une théologie de la création, de la rédemption, du péché, qui soit libérée des représentations infantiles et névrotiques dont elle est en fait, trop souvent, enveloppée dans l'enseignement commun.* »

L'auteur parle ici des représentations anthropomorphes qui sont, dit-il, des représentations infantiles. Or, Dieu possède des attributs qui sont aussi des représentations dans la mesure où ils sont compris

---

12 Charles Wackenheim, Actualité de la théologie négative, Revue des Sciences Religieuses, tome 59, fascicule 2, 1985. p. 147

13 Yves Tesmontant, *Comment se pose aujourd'hui le problème de l'existence de Dieu,* 1966, épilogue, p. 399

par analogie avec des situations concrètes vécues.

L'éternité, comme cela a été souligné plus haut, ne se comprend qu'à partir de la notion de temps et de vieillissement. La notion de pur esprit est compréhensible à partir de l'activité mentale dont tout un chacun est pourvu, en imaginant la poursuite de cette faculté malgré la disparition du corps. La notion de création l'est également par analogie avec des activités d'élaboration de construction d'objets, ou plus simplement par analogie avec la gestation et la naissance d'un être humain. L'amour qu'on attribue à Dieu est la représentation affective par excellence :

« *Rendons-nous conscients de ce que nous ne cessons d'élaborer des représentations du divin à partir de nos propres désirs. Si nous concevons un Dieu omniscient et tout-puissant, voire aussi infiniment bon, n'est-ce pas là l'expression de ce à quoi nous aspirons ?* »[14]

François-Xavier PUTALLAZ, PHILOSOPHE suisse, tente néanmoins de nous convaincre de la fausseté des représentations de la création :

« *Qu'est-ce que la création ? Ce n'est pas une émanation telle que le soleil qui émanerait sa lumière, c'est l'émanation de tout ce qui est, de tout l'étant et de tout dans l'étant, à partir de la cause universelle qui est Dieu, et à partir de rien. Et ce qui est frappant c'est que nous serons toujours incapables de penser la création. Parce que ce que nous avons comme expérience c'est toujours la transformation du sculpteur, c'est toujours l'engendrement et c'est toujours l'émanation dont nous*

---

[14] François Euvé, *La science, l'épreuve de Dieu*, p.

avons l'expérience. Il y a donc une illusion – pour parler comme Bergson – inévitable, chaque fois que nous parlons de la création, c'est que nous allons nous appuyer sur l'une de ces trois expériences et nous devons faire constamment effort pour dire : la création à partir de rien, ce n'est ni une transformation ni un engendrement ni une émanation. »[15]

Ainsi, de la création, on peut dire ce qu'elle n'est pas, mais il est impossible de dire ce qu'elle est. Ce qui revient à dire que l'on ne peut en avoir aucune représentation, ou du moins que les représentations qu'on en a sont toutes erronées, ce qui revient au même. Ce à quoi on peut objecter que l'on a toujours des représentations, c'est ainsi que fonctionne, en grande partie, le cerveau humain. C'est d'ailleurs, ce que constate François-Xavier Putallaz puisque s'il prend la peine de préciser que ce sont là de fausses représentations, c'est précisément parce que, non seulement elles sont largement partagées, mais parce que ce sont les seules représentations possibles pour le commun des mortels.

D'autre part, les attributs de Dieu donnent inévitablement lieu à des représentations, lesquelles sont en réalités une des composantes essentielles de la croyance religieuse.si l'on en croit Yves Lambert (sociologue spécialisé dans la sociologie des religions) :

« *On peut voir une croyance religieuse comme une représentation relative à une réalité supra-empirique*

---

[15] François-Xavier Putallaz, intervention sur iaquinas.com et retransmise sur YouTube, Qu'est-ce que l'on appelle création "ex nihilo" ? (I, 45-46) https://www.youtube.com/watch?v=s7HC3idJXQ0

supposée être au principe de la réalité empirique, avec laquelle il est possible de communiquer. »[16]

Ainsi, refuser toute représentation consisterait, en dernier lieu, à refuser tout attribut de Dieu, ce qui impliquerait d'en refuser toute définition, ce qui serait proprement absurde. Faut-il le redire : on ne peut croire en quelque chose qui n'est pas, plus ou moins, clairement défini.

Le dieu du monothéisme est donc défini, de façon relativement claire, par les attributs qu'on lui donne, en premier lieu son attribut de créateur. Ainsi Dieu n'est compréhensible que par ses attributs qui sont autant de représentations. C'est aussi dire qu'il n'est envisageable qu'à travers ses représentations. Il est ses représentations. Il est représentation.

Voir quelque naïveté à travailler sur des concepts et des définitions largement dépassés par nombre de théologiens et penseurs contemporains, c'est oublié que, d'une part, ces représentations ont fonctionné pendant des siècles et qu'elles fonctionnent encore, quelle que soit la confession des croyants, et que, d'autre part, les théologiens, de confession juive, musulmane ou chrétienne, n'ignoraient pas ces contradictions et qu'ils se sont évertués à essayer de les résoudre. On aura l'occasion d'y revenir dans les pages qui suivent.

---

[16] Yves Lambert, *La naissance des religions*, p. 29

Il convient ici d'ouvrir une parenthèse pour souligner que l'acceptation de la théorie de l'évolution par la plupart des théologiens n'est en aucun cas un abandon du concept de création, Dieu étant toujours considéré comme maître de cette évolution et reste dans tous les cas à l'origine de l'être et d'une nature transcendante. Son statut de créateur n'est donc pas remis en cause.

Mis à part, les adeptes du créationnisme ou du dessein intelligent, qui sévissent surtout aux États-Unis, la majorité des chrétiens adhère, semble-t-il, à la théorie de l'évolution. L'Église catholique l'a d'ailleurs presque acceptée officiellement par la voix du pape Jean Paul II qui a reconnu que cette théorie était « plus qu'une hypothèse ».

Cette position ne date pas d'hier si l'on en croit ce texte paru dans *La Revue d'histoire et de philosophie religieuses* de 1954 : « *La doctrine scientifique de l'évolution n'a pas le moindre rapport avec la foi à la Création, que ce soit pour ou contre. Elle est muette au sujet de la Création ; elle parle seulement des modifications survenues au sein du monde créé. [...] Cette question* (l'évolution des espèces) *n'intéresse pas la théologie, qui ne peut d'ailleurs y donner aucune réponse. Elle relève de la connaissance du monde et non de celle de la foi.* »[17]

---

[17] Emil Brunner, traduc. Étienne Trocmé. *La Doctrine chrétienne du Dieu Créateur*, Revue d'histoire et de philosophie religieuses, 34e année n°4,1954, p. 336

La théologie et le paradoxe

Les théologiens des trois religions monothéistes, qui ont orienté leurs réflexions sur le problème soulevé par les concepts de création et d'éternité, avaient bien conscience de l'incompatibilité de ces deux notions et ils se sont évertués à donner diverses explications théologiques à des fins de cohérence intellectuelle.

Il n'est pas question ici de passer en revue de façon exhaustive les différents points de vue des théologiens à travers les âges. Les figures les plus représentatives suffiront.

La diffusion de la pensée de certains philosophes grecs, et surtout d'Aristote, amena les théologiens médiévaux à se pencher sur la problématique de l'éternité ou non du monde, confrontée avec celle de la création. Certains penseurs musulmans (tels Averroès et Avicenne), conscients des contradictions qu'impliquait le concept de création, et partant du principe qu'une cause éternelle ne peut qu'engendrer des effets éternels, considéraient le monde comme éternel, ayant donc toujours existé. Ce qui est contradictoire avec le fait que l'idée de création suppose la préexistence du créateur par rapport à sa création. Ainsi, le monde étant coexistant avec Dieu, qui n'en est plus le créateur, n'est pas contingent. Ce faisant, croyant lever un paradoxe, ils en créaient un autre qui de surcroît laissait le champ libre aux tenants du panthéisme, considérant que Dieu et le monde ne font qu'un, et ceux de l'athéisme enclins à en déduire l'inutilité de Dieu, donc de son inexistence.

Les considérations des philosophes musulmans, dans leurs commentaires des écrits d'Aristote fut le déclenchement, chez les chrétiens, de ce qu'on appelle la « Controverse sur l'éternité du monde » au moyen âge. Les uns étant pour, les autres, contre.

Thomas d'Aquin trancha en contournant ce paradoxe avec une position agnostique sur l'éternité du monde, considérant qu'il n'était pas possible de conclure pour ou contre son éternité, mais considérait que l'idée de création éternelle (autrement dit un monde éternellement créé par Dieu) n'était pas contradictoire.

Concernant le problème de la contingence qui, comme nous l'avons abordé plus haut, semblerait contradictoire avec la volonté de Dieu (volonté nécessaire), Thomas nous l'affirme, « *la volonté divine ne supprime pas la contingence des choses ni ne leur impose de nécessité absolue* » car « *Dieu veut qu'il y ait des êtres contingents.* ». Inutile, donc, de cogiter sur la chose. Il n'y a pas de contradiction, c'est Dieu qui l'a voulu ainsi !

Quant au problème de la création ex nihilo, le philosophe suisse François-Xavier Putallaz, nous explique le point de vue thomasien :

« *Lorsqu'on utilise ce terme, on est sujet à l'illusion. On a l'impression que d'abord il n'y a rien et puis ensuite il y a quelque chose. Mais c'est une illusion, puisque s'il n'y a rien, ce rien ne peut pas précéder ce qui existe. Il n'y a donc pas d'antériorité selon la durée ou selon une temporalité d'un rien, et ensuite viendrait quelque chose. Donc ex nihilo ne veut pas dire il n'y a rien et puis quelque chose, mais c'est une antériorité de nature. Ça veut dire que le monde est suspendu à l'acte créateur éternel de Dieu et qu'il est tenu au-dessus du néant. »[18]*

Un théologien du judaïsme, Isaac Louria (1534-1572), a, quant à lui, introduit le concept de tsimtsoum (le retrait ou la contraction) pour résoudre l'incompatibilité entre le concept de création et celui de l'En sof (illimité, infini).

Le concept de tsimtsoum, Marc-Alain Ouaknin, philosophe et rabin, nous l'explique :

« Rabbi Isaac Louria se posa les questions suivantes :

- *Comment peut-il y avoir un monde si Dieu est partout ?*
- *Si Dieu est « Tout en tout », comment peut-il y avoir des choses qui ne soient pas Dieu ?*
- *Comment Dieu peut-il créer le monde ex nihilo, s'il n'y a pas de néant ?*

Rabbi Isaac Louria répondit en formulant la théorie du Tsimtsoum ou « retrait ». Selon cette théorie, le premier acte du Créateur ne fut pas de se révéler lui-même à quelque chose d'extérieur. Loin d'être un mouvement sur le dehors ou une sortie de son identité cachée, la première étape fut un repli, un retrait ; Dieu se retira « de lui-même en lui-même » et, par cet acte, abandonna un vide, une place en son sein, créa un espace pour le monde-à-venir.

En un certain point au sein de la lumière de l'Infini (En sof), l'essence divine ou la « lumière » s'éclipsa ; un espace était laissé vide au milieu. Par rapport à

---

[18] François-Xavier Putallaz, intervention sur iaquinas.com et retransmise sur youtube, « qu'est-ce qu'on appelle création ex nihilo ? » (I, 45-46) :
https://www.youtube.com/watch?vs7hc3idjxq0

l'Infini, cet espace n'était pas plus qu'un point infinitésimal, mais par rapport à la Création, c'était tout l'espace cosmique. Dieu ne put se manifester que parce qu'au préalable il se retira. »[19]

Ainsi, Dieu retire sa lumière et dans ce vide, dans cet espace libéré, il crée le cosmos. Il n'y a donc pas de néant, Dieu étant le tout avant la création, mais il se retire afin de « laisser un espace » à la création.

Ces deux exemples illustrent bien le fait que les théologiens ont toujours eu conscience de la fragilité des représentations communes des attributs de Dieu, et se sont évertués à en donner des interprétations qui puissent satisfaire l'esprit. Leur technique, si l'on peut oser cette expression, consiste à tordre le cou aux représentations naïves, et néanmoins dominantes parmi les croyants, afin de les remplacer par des représentations plus complexes, plus savantes, qui semblent contourner les contradictions en emmenant l'esprit dans une sorte de cul-de-sac intellectuel. L'image clôt le débat.

Ainsi, l'explication Tomiste interprétée par François-Xavier Putallaz et celle du tsimtsoum se rejoignent en ce qu'elles consistent en de belles images, mais qui ne nous disent rien.

Bien sûr, elles disent quelque chose, mais ce quelque chose n'est qu'une pure abstraction. On est ici dans la spéculation abstraite, poussée à son paroxysme, au sein de laquelle les mots et surtout les images ont une grande importance. L'explication repose sur une

---

[19] Marc-Alain Ouaknin, *Tsimtsoum, Introduction à la méditation hébraïque*, Albin Michel, 1992, p. 26

logique interne à l'image, à la sidération produite par l'image. Elle est belle et sa beauté séduit. Elle séduit parce qu'elle fait appel à des notions concrètes dont on peut avoir la représentation, c'est-à-dire une image mentale. Et cette représentation est compréhensible, elle plaît, alors on l'adopte. Mais, en réalité, elle ne fait que traduire des notions abstraites, qui, elles, n'offrent aucune représentation. Ainsi, l'image reste image, comme un joli rébus incompréhensible.

Nombre de théologiens chrétiens contemporains se sont aussi emparés du paradoxe de la création en lien avec la question de l'éternité, tel le Chanoine F. Van Steenberghen, dans un article consultable sur le site persee.fr, intitulé « *La controverse sur l'éternité du monde au XIIIe siècle* », où il tente de justifier l'existence divine après avoir fait un tour d'horizon des thèses des théologiens médiévaux et de différents courants philosophiques concernant l'éternité du monde et donc du problème de la création, c'est-à-dire, in fine, de l'existence de Dieu.

Il expose alors trois thèses :

La première, avec une affirmation qui fait, selon ses termes, « *l'objet d'un consensus vraiment universel* » : « *Quelque chose existe éternellement* ». La formule pouvant se traduire par « *Puisque quelque chose existe aujourd'hui, il a toujours existé quelque chose, car il est absurde d'imaginer que l'être ait surgi du néant.* »[20]

La deuxième qui lui « *paraît s'imposer* »:

---

[20] Chanoine Fernand Van Steenberghen, *La controverse sur l'éternité du monde au XIIIe siècle*, Bulletins de l'Académie Royale de Belgique Année 1972, 58, p. 282

> *« Le monde matériel ne saurait être éternel. Pourquoi ? Parce que le monde matériel comporte, de sa nature ... une série de phénomènes temporels. Or, dans l'hypothèse où ce monde matériel serait éternel, c'est-à-dire sans commencement, la série des phénomènes temporels serait infinie, ce qui implique contradiction. »*[21]

D'où sa troisième thèse, « *corolaire immédiat de la précédente* » :

> *« Le monde matériel dépend tout entier d'une cause immatérielle. »*

Déduction hâtive qui part d'un a priori sans être vraiment capable de le démontrer. Car il faudrait tout d'abord démontrer l'impossibilité pour une série de phénomènes d'être infinie. Il est ensuite profondément abusif de construire une démonstration aussi catégorique sans définir au préalable et avec précision de quoi l'on parle.

Le monde. Mais qu'est-ce que le monde ? Notre univers et rien que lui, ou ce qui fait qu'il y a de l'univers et qui peut préexister et en être la cause, sans pourtant être de l'ordre de la transcendance. Des astrophysiciens ont émis l'hypothèse des multivers, d'autres de plusieurs dimensions. Que ces hypothèses soient invérifiables (le seront-elles un jour ?), elles ne sont pas moins vraisemblables que l'hypothèse d'une origine immatérielle de l'univers. Et qu'entend-on par immatériel ? Les particules élémentaires sont-elles considérées comme de la matière ou non ? Et qu'en est-il de l'énergie ?

---

[21] Ibid, p 283

La temporalité. De quelle temporalité s'agit-il ? De la seule temporalité universelle ? Elle-t-elle unique ?

L'éternité. Un concept bien abstrait. Et si sa logique lui permet de déduire l'impossibilité d'une éternité de la substance, lui permet-elle d'affirmer l'éternité de l'immatériel ?

Afin de parfaire son raisonnement il reprend à son compte, ou l'interprète, une « démonstration » de Saint Bonaventure, un théologien du XIIIe siècle, et qu'il présente comme une preuve incontestable, par l'absurde, de l'impossibilité de l'éternité du monde :

« *Si le monde est éternel dans le passé, une série infinie d'événements se sont succédé jusqu'à ce jour. Chacun de ces événements est-il à une distance finie d'aujourd'hui ? Si on l'accorde, on considère par le fait même que l'événement le plus éloigné de tous est encore à une distance finie d'aujourd'hui ; dans ce cas, cet événement est le premier et l'évolution du monde a commencé. Si l'on soutient, au contraire, qu'un ou plusieurs événements du passé sont infiniment distants d'aujourd'hui, comment concevoir le passage des événements infiniment distants à ceux qui ne le sont pas ? On est acculé à dire que l'infini – 1 = le fini, ou que, le fini + 1 = l'infini. Ce qui est évidemment absurde. L'hypothèse de l'éternité du monde aboutit donc à l'incohérence totale : elle implique contradiction et doit être condamnée.* »[22]

Or, deux erreurs font que ce raisonnement ne tient pas, car, dans « une série infinie d'événements » il n'existe pas d'événement « le plus éloigné » puisque par définition la série est infinie, voilà pour la première

---

[22] Ibid, p 284

partie du raisonnement. En ce qui concerne la deuxième partie du raisonnement, ce ne sont pas les événements qui sont « infiniment distants d'aujourd'hui », c'est la chaîne des événements qui est infinie, les événements, eux, ne sont jamais « infiniment distants d'aujourd'hui ». Les deux parties du raisonnement ne donc pas valables et donnent donc lieu à ce qu'on appelle un paralogisme. Quant à l'équation, la seule valable serait : *le fini(n) + 1 = le fini(n+1)* ou *le fini(n)-1 = le fini(n-1)*. Reste à savoir si la démonstration de Bonaventure a bien été interprétée.

La seule affirmation acceptable c'est que « *Puisque quelque chose existe aujourd'hui, il a toujours existé quelque chose, car il est absurde d'imaginer que l'être ait surgi du néant.* » Toute autre déduction relève de l'hypothèse.

Par contre, tant que l'on n'a pas prouvé que cette cause immatérielle (Dieu sous la plume de ce chanoine) existe, il serait légitime de penser qu'elle a surgi du néant, et qu'elle y retourne.

D'autre part, le constat de l'évolution de l'univers et de l'humanité vers la conscience et l'intelligence conceptuelle, et, plus récemment, du développement de l'intelligence artificielle, irait plutôt dans le sens d'une évolution du matériel vers l'immatériel, et non l'inverse.

On retrouve donc, au départ comme à l'arrivée, dans la pensée de cet auteur le point de vue des théologiens médiévaux qui, cherchant la cause première, au terme de leur raisonnement s'en remettent à Dieu, principe de base de toute leur démarche intellectuelle. Conclusion qui s'apparente à ce qu'Emmanuel Kant appelait la preuve ontologique : l'idée de Dieu atteste son existence.

Quelques écrivains chrétiens, sans doute animés du désir de prêter main-forte aux théologiens, se sont aussi aventurés dans la recherche d'une explication causale de l'existence de Dieu.

Quelques « penseurs » chrétiens à la rescousse

En marge de la théologie, on trouve aussi de nombreux auteurs classés dans la catégorie des philosophes, croyants convaincus, qu'ils soient religieux ou laïcs, et qui terminent de même, de quelque façon qu'ils abordent le problème de l'existence de cette entité qu'ils appellent « Dieu ». Ils partent de leur croyance en son existence, qui n'est pas une hypothèse, mais une certitude, intime s'entend, mais certitude tout de même, qu'elle soit appelée foi ou croyance. Puis, arrivés au terme de leurs raisonnements, parfois très logiques, honnêtes et lucides, ils effectuent ce saut subit vers une déité transcendante, saut que l'on pourrait appeler un « coup de baguette métaphysique ».

Ce genre de démarche pour, sinon prouver l'existence de Dieu, du moins l'affirmer, que ce soit implicitement ou explicitement, est encore assez courante de nos jours.

On en trouve un exemple particulièrement élaboré chez Claude Tresmontant (*Comment se pose aujourd'hui le problème de l'existence de Dieu*, Éditions du Seuil, 1966), qui en quelque 420 pages, passe en revue, non sans les commenter et les critiquer, diverses conceptions philosophiques, théologiques et scientifiques, depuis la Grèce antique jusqu'aux théories contemporaines, afin de montrer rationnellement, sinon de démontrer, l'existence de Dieu. La démarche consiste, in fine, à constater que les structures organiques vont du plus simple au plus complexe jusqu'à l'apparition du langage et de la pensée, et considérer que la rationalité ne peut être contenue dans la matière minérale avant l'apparition de la matière organique, et que d'autre part, la science étant incapable d'expliquer la complexité de certains organes, on doit donc conclure qu'il existe une origine immatérielle et qui s'appelle Dieu.

Ce qui ressemble à s'y méprendre à la cause première des philosophes-théologiens médiévaux, laquelle est invoquée afin d'apporter ce qu'on nomme la preuve cosmologique.

C'est une démarche qui semble connaître un certain regain ces dernières années parmi les avocats d'un dessein intelligent qui, en fait, n'est autre que Dieu. Elle consiste à passer en revue les découvertes scientifiques, depuis le siècle dernier jusqu'à celles des dernières décennies, afin de montrer que la science, non seulement ne peut pas tout expliquer, mais que, au contraire, si l'on sait bien la comprendre, apporte les preuves de l'existence de Dieu.

Oubliés les paradoxes auxquels conduisent les attributs de Dieu et qui donnaient du fil à retordre aux théologiens, c'est la science que l'on invoque dans une plaidoirie qui retourne à l'athéisme scientifique son propre discours en voulant démontrer que la science permet de confirmer l'existence de Dieu tant par ses avancées que par ses questionnements irrésolus auxquels elle aboutit inévitablement du fait de la complexité de la matière et du cosmos.

Peu importe ses attributs et les représentations qui en découlent, il est prouvé qu'une intelligence transcendante est à l'origine de tout ce qui existe, et qu'il s'agit, bien entendu, de Dieu. Pour le reste, on s'en tient aux révélations divines de la tradition religieuse.

Le livre de Stephen Meyer, *Le retour de l'hypothèse Dieu* sous-titré *Les découvertes scientifiques qui attestent de son existence*, est l'un des auteurs les plus représentatifs de cette tendance.

Dans ce livre, il noie littéralement le lecteur dont les connaissances dans le domaine scientifique sont relativement modestes, avec des explications détaillées des découvertes et hypothèses, depuis le XIXe siècle, dans tous les domaines, en passant par la biologie, la paléontologie et la cosmologie quantique. Si bien que le béotien, que l'on est, serait presque admiratif devant un tel savoir, si ce n'était que la compétence de l'auteur dans divers domaines scientifiques est largement remise en cause par de nombreux scientifiques américains.

Si l'on est incapable de tout comprendre dans ce déballage de connaissances, on retiendra au moins deux phrases qui trahissent la véritable démarche de l'auteur et ses motivations profondes :

« *Ainsi, un Dieu théiste, s'il existe, fournirait une explication causalement plus adéquate de l'origine de l'Univers et de la vie que toute autre entité qui aurait été postulée par des visions du monde concurrentes (telles que le matérialisme ou le panthéisme) qui nient une réalité transcendante et un acteur intelligent séparé de cet univers matériel.* »[23]

---

[23] Stephen Meyer, *Le retour de l'hypothèse Dieu, Les découvertes scientifiques qui attestent de son existence*, chapitre 20 *Actes de Dieu ou Dieu bouche-trou ?*, paragraphe *Les justifications théoriques de l'adéquation causals*

« *Lorsque j'ai perçu comment le théisme répondait à mes nombreuses questions philosophiques, une partie de mon angoisse existentielle s'est atténuée.* »[24]

Cet aveu de l'utilité de Dieu pour atténuer son angoisse existentielle en dit long sur les raisons profondes de son cheminement intellectuel, pseudo spirituel pourrait-on ajouter.

Concernant l'« *explication causalement plus adéquate* » on cédera la plume à Antoine Coté de l'Université d'Ottawa qui, dans un article de la revue Dialogue, Revue canadienne de philosophie, donne son avis sur la démarche de Testmontant, et dont les remarques sont également applicables à Stephen Meyer et à tous les auteurs ayant la même approche :

« *Les preuves cosmologiques contemporaines dérivent pour une bonne part de leur prestige et de leur séduction du fait qu'elles tiennent explicitement compte des « dernières théories scientifiques ». Mais c'est un prestige usurpé, car ce n'est pas au philosophe qu'il incombe de décider de la viabilité d'une hypothèse scientifique. Il y a toujours eu, et il y a aura sans doute toujours des théistes pour demander en quelque sorte à la science de leur temps : « dis-moi ce que tu n'arrives pas à expliquer et je te prouverai que Dieu existe* ».[25]

Il est effectivement toujours imprudent de se référer à la science pour justifier l'existence, comme la non-existence, d'un être tel que Dieu, car d'une part, les recherches sont de plus en plus spécialisées, mais de

---

[24] Ibid, p. 522

[25] Antoine Coté, *Claude Tresmontant et la preuve cosmologique*, Dialogue. 1998;37(2), p. 283

plus elles évoluent et les théories valables un temps peuvent être, sinon réfutées, subir de sérieuses modifications qui rendent caduques les conclusions que peuvent en faire les uns et les autres.

Dans ce domaine, certains auteurs français plus récents ne sont pas de reste pour se ré-approprier les idées de Tresmontant et des tenants américains du dessein intelligent.

« Dieu la science les preuves »

Le prix d'excellence en la matière revient sans doute à un ouvrage récent, présenté comme un bestseller, sans doute par le titre tant provocateur que commercial et par son côté vulgarisateur. Il s'agit du livre « Dieu la science les preuves », sous-titré « L'aube d'une révolution », coécrit par Michel-Yves Bolloré et Olivier Bonnassies[26]. Un modèle du genre.

Leur ouvrage se décompose en plusieurs parties. Dans l'une d'elles, ils font de l'interprétation (une prétention d'exégèse).

Selon leurs interprétations, la Bible aurait tout prévu, la naissance de l'univers et l'apparition de l'être humain sur terre. Ce que n'auraient fait aucune des autres religions qui ne font que déifier des astres, preuve qu'elles ne sont pas d'inspiration divine contrairement aux religions abrahamiques. Ainsi, ils interprètent la Bible, mais se gardent bien de faire de même concernant les récits d'autres mythologies qu'ils comprennent au premier degré. Seule la Bible serait, à leurs yeux, interprétable.

Pour exemple, en ce qui concerne l'Égypte ancienne, citons ces auteurs :

> « *Pour les Égyptiens, le dieu soleil, Râ, à tête de faucon, est le plus important des dieux. C'est lui qui apporte la vie dans l'Univers grâce à sa lumière. Issu d'un océan primordial (Noun) et du*

---

[26] Il est intéressant de noter qu'ils sont également co-auteurs de la préface de la traduction française du livre de Stephen Meyer (néocréationniste notoire), *Le retour de l'hypothèse Dieu*, cité précédemment, laquelle a été placée dans la collection "Dieu, la science, les preuves", dirigée par Jean Staune.

dieu Ptah, il engendre le monde et les autres dieux.
C'est à lui que sont rendus les cultes les plus
importants de l'Égypte ancienne, notamment à
Héliopolis, la « ville du soleil », près de la ville
moderne du Caire. »[27]

Pour l'Égypte antique, le soleil serait donc une déité.

Tentons néanmoins une interprétation : le dieu Râ, le soleil, apporte la vie au système solaire (univers des terriens). Issu de l'univers primordial (Noun) et du big bang (le dieu Ptah), il engendre le système solaire et d'autres planètes.

Autre interprétation : le soleil n'étant pas le dieu en lui-même, mais une représentation du dieu Râ, comme la croix est une représentation du Christ (donc de Dieu) devant laquelle s'agenouillent les fidèles.

On peut trouver un certain nombre d'informations disponibles sur Internet qui mettent en question la crédibilité que l'on peut accorder aux affirmations des auteurs du livre en question, et surtout à leur honnêteté intellectuelle lorsqu'ils affirment aussi, entre autres, que le judaïsme est la première religion monothéiste et la première à ne pas avoir déifié les astres et considérer que le dieu personnifié était le créateur de l'univers :

« Pour les théologiens de Memphis, la création
est l'œuvre du dieu Ptah qui a rassemblé autour de
lui les huit dieux primordiaux créés par lui
(formant ainsi une ennéade). Par sa parole et par
son cœur, il a développé l'univers visible et
invisible. Il a mis en place les créatures vivantes,
la justice et les arts, les cités et les sanctuaires

---

[27] Michel-Yves Bolloré, Olivier Bonnassies, Dieu la science les preuves, nouvelle édition augmentée, Pocket, 2024, p. 345

d'Égypte, la royauté, Memphis et son temple. La royauté est une réalité du monde des dieux et du monde des hommes. Ainsi Ptah est le modeleur des formes vivantes, l'auteur de la création tout entière réalisée par la force de la parole divine.[28] ».

Sans entrer dans les détails, il semble qu'il y a quelques contradictions entre ce texte et les affirmations des deux auteurs. L'idée d'une création de l'univers par un dieu étant déjà présente dans les mythologies égyptiennes, qui datent de plusieurs millénaires av. J.-C, et également dans la mythologie zoroastrienne. De plus, dans la plupart des religions théistes, il existe toujours un dieu suprême, ancêtre ou prototype du dieu unique.

Il est indéniable qu'à ces époques la mythologie d'une civilisation était largement influencée par celles de ses voisins et inversement. Il est douteux qu'une mythologie se soit développée indépendamment de toutes celles qui l'avaient précédée.

Les auteurs déprécient diverses mythologies pour ce qu'elles déifient des astres, mais qu'en est-il du christianisme qui dans le vin du calice, présenté par le prêtre, voit le sang du Christ, et dans les hosties le corps du Christ, non symboliquement, mais réellement, avec quelques nuances selon les confessions ?

D'autre part, les auteurs se gardent bien de citer Zoroastre, fondateur du zoroastrisme, présenté parfois comme l'une des premières religions monothéistes,

---

[28] UNESDOC (Bibliothèque numérique de l'UNESCO), « Histoire de l'humanité » (entre 3000 et 700 av. J.-C), chapitre « Les origines : les dieux et le monde ».

sinon la première.

« Le zoroastrisme, une des premières religions monothéistes, est institué par révélation dans des livres enseignant que Dieu, Ahura Mazda, est à l'origine de l'univers et créateur de l'ordre survenant du rien initial, créateur des mondes. Ahura Mazda est seul responsable de l'ordonnancement du chaos initial, le créateur du ciel et de la Terre. Chaque être humain est doté d'une âme éternelle et de libre arbitre. Après la mort, les âmes encourent un jugement et vont au ciel ou au purgatoire. »[29]

Ce que confirment d'autres sources :

« Le tournant axial universaliste a été pour l'essentiel plutôt concentré dans le temps, autour du fameux « âge axial » jaspérien (VI-Ve s. av. J.-C.), avec l'émergence du monothéisme exclusif en Israël, de la science et de la philosophie en Grèce, en Inde et en Chine, du jaïnisme et du bouddhisme en Inde, du confucianisme et du taoïsme en Chine, sachant que la naissance du zoroastrisme le précède (IXe s av. J.-C. ?) et que le christianisme et l'islam (Vie s. apr. J.-C.) le prolongent. »[30]

« Le zoroastrisme, la première religion d'un salut éternel

Alors que Jaspers plaçait Zoroastre (Zarathustra) au VIe s. av. J.-C., les spécialistes le reculeraient plutôt au

---

[29] Wikipédia, *Zoroastrisme*

[30] Yves Lambert, *La naissance des religions, de la préhistoire aux religions universalistes*, p. 221

IXe s., voire avant. »[31]

D'autre part, le monothéisme d'Israël aurait été précédé par une monolâtrie, c'est-à-dire une forme de polythéisme qui reconnaît l'existence de plusieurs dieux, mais qui en vénère un de préférence, voire à l'exclusion des autres. :

« *La plupart des spécialistes, archéologues, historiens, exégètes, sont d'accord pour estimer que la religion de l'ancien Israël fut d'abord un monothéisme relatif, c'est-à-dire une monolâtrie : Israël n'honore qu'un seul Dieu, Yahvé, mais il en existe d'autres et les autres peuples en ont plusieurs.* »[32]

Citons également le professeur Thomas Römer, Administrateur et professeur au Collège de France[33] :

« *Le monothéisme tel que nous le concevons, avec un dieu unique qui était originellement celui d'Israël, est né tardivement, vers les VIe-Ve siècles avant notre ère, au sein du peuple hébreu.* »[34]

Voici sans doute pourquoi les auteurs font l'impasse sur le zoroastrisme / mazdéisme dont les écrits pourraient être bien antérieurs à la Bible.

---

[31] Ibid, p. 345

[32] Ibid, p. 348

[33] Administrateur du Collège de France et professeur titulaire de Bible hébraïque à la Faculté de théologie et de sciences des religions de l'université de Lausanne.

[34] Thomas Römer, *Comment Yahvé, petit dieu tribal, est-il devenu un Dieu universel ?*, Art. Le Monde des religions, 31 mai 2020

Quant à la Bible :

> « *La Bible n'est pas tombée du ciel ! Elle s'est créée progressivement avant de prendre la forme que nous lui connaissons aujourd'hui. Les histoires, les lois, les prières et les poèmes qui la composent ont été rédigés à des périodes différentes, médités, repris, commentés puis édités et traduits. […] Les livres de l'Ancien Testament ont été écrits en hébreu, entre le VIIIe et le Ier siècle avant Jésus Christ.* »[35]

Quoi qu'il en soit, si tant est que les concepteurs de la Bible ou d'autres livres sacrés aient eu de formidables intuitions concernant la naissance de l'univers, elles ne constituent en rien une preuve de l'existence d'une quelconque déité.

Concernant un autre chapitre sur l'apparition de Fatima, le témoignage d'une foule face à un phénomène paranormal, ou une hallucination collective, n'est pas une preuve de l'existence d'un dieu.

Une autre partie révèle les positions de plusieurs scientifiques, mais les convictions intimes de ces personnes, aussi renommées soient-elles, concernant l'existence possible d'un être suprême, ne peuvent en aucun cas faire l'objet de preuves de l'existence de cet être. Les convictions intimes d'Albert Einstein ne nous apportent rien, elles ne nous sont d'aucune utilité, car,

---

[35] Le site *"Chrétiens aujourd'hui"*,
https://www.chretiensaujourdhui.com/decouvrir-la-bible/origine-bible/dou-vient-la-bible/

s'il est une autorité en matière de science, ses états d'âme n'ont donc aucune légitimité en ce qui concerne la crédibilité d'une croyance.

Un autre chapitre du livre, portant sur l'historicité ou non du Christ, n'a pas lieu d'être commenté. Le Christ, étant le personnage d'un récit sacré, fait partie intégrante de la croyance, et ne peut prétendre, à nos yeux, au statut de preuve.

Dans la catégorie des preuves, il ne nous reste plus que d'éventuelles preuves scientifiques.

Si l'on veut trouver un semblant de tentative de preuves scientifiques, c'est dans la première partie de leur livre qu'on peut la trouver. Les quelque 200 pages du début peuvent être résumées en peu de mots : l'univers ayant eu un commencement et sa fin étant prévisible, étant donné également qu'il serait né d'un état qu'on appelle communément le Big Bang, c'est-à-dire qu'il se serait développé subitement à partir d'un état tellement réduit qu'il est impossible de décrire l'instant de son apparition et sa nature à cet instant, et qu'enfin on ignore quelle en est la cause. En raison de tout cela, et en tout état de cause... c'est qu'il a été créé par Dieu... CQFD...

Les théories comme le multivers (ensemble d'univers) c'est *idéologique* (sous-entendu matérialiste), Dieu c'est scientifique.

En interrogeant la science, arrivés au big bang, à la réduction ultime de l'univers, que pouvons-nous savoir de ce qui se trouve au-delà ? Rien. Que pouvons-nous en déduire ? Rien. Qu'en déduisent ces deux auteurs ? Dieu. En foi de quoi ? De leur foi, justement. De leur croyance, laquelle est un a priori qui oriente l'ensemble de leur démarche, du début à la fin.

En résumant de façon simpliste, on pourrait dire : « Il n'y a pas de solution pour comprendre la naissance de l'univers donc c'est Dieu qui l'a créé ! »

Même chose du côté du biologique concernant le passage de l'inerte au vivant : on n'a pas de réponse, donc c'est Dieu. Raccourci naïvement puéril s'il en est.

Démarche totalement dépourvue d'intégrité intellectuelle : manipulation des données et découvertes scientifiques pour justifier un a priori. Non que ces données soient fausses, mais parce qu'ils se les réapproprient pour des conclusions qui n'ont plus rien de scientifique

Par contre, ils ne se privent pas de dénigrer toutes les hypothèses de divers astrophysiciens (univers multiples, univers plasma, théorie des cordes, etc.) sous prétexte qu'elles *« ne sont que de pures spéculations provenant de scientifiques imaginatifs »*[36], qu'elles *« n'ont pas le moindre début de confirmation scientifique »*[37] et qu'elles *« ne font l'objet d'aucun consensus scientifique... »*[38], alors qu'eux-mêmes nous offrent en guise d'hypothèse, pour ne pas dire de réponse, une idée préconçue qui n'est plus du domaine de la science, mais de la croyance, dont le moins que l'on puisse dire c'est qu'elle n'est qu'une pure spéculation

---

[36] Michel-Yves Bolloré, Olivier Bonnassies, Dieu la science les preuves, nouvelle édition augmentée, Pocket, 2024, p. 116, note 96 de bas de page

[37] Ibid.

[38] Ibid.

métaphysique et qu'elle ne fait l'objet d'aucun consensus scientifique, ce qui va de soi, mais également d'aucun consensus philosophique, ni même théologique si l'on en croit certains écrits contemporains d'hommes d'Église comme on le verra dans les pages qui suivent.

On a ici les répliques exactes des preuves des théologiens médiévaux que les auteurs reprennent à leur compte en les mettant à la sauce moderne.

Si le monde (cosmos/univers) existe, c'est qu'il existe un être absolument nécessaire : preuve cosmologique.

Si les preuves médiévales, la preuve ontologique, la preuve cosmologique et la preuve physico-théologique n'ont pas vieilli d'un pouce, les réfutations d'Emmanuel Kant sont alors toujours d'actualité :

La preuve ontologique ? Elle a été formulée de différentes façons. Les deux plus célèbres sont celle de Saint Anselme de Cantorbéry (au XIe siècle) et celle de René Descartes (au XVIIe siècle).

Pour Saint-Anselme, Dieu est l'être le plus grand que l'on puisse concevoir, mais s'il n'existe que dans l'intelligence humaine, on pourrait concevoir quelque chose d'encore plus grand, donc Dieu doit exister dans la réalité. Dieu, ainsi défini, ne peut qu'exister.

Pour Descartes, Dieu est défini comme un être parfait, mais comme il est plus parfait d'exister que de ne pas exister, donc Dieu existe.

Ces deux formulations reviennent à dire que l'idée de Dieu implique son existence.

À quoi Kant répond, non sans ironie, qu'un commerçant a beau rajouter des zéros aux chiffres de son livre de comptes, cela ne remplira pas sa caisse.

Autrement dit, le concept de licorne ne signifie en aucun cas que la licorne existe.

La preuve cosmologique ? Kant nous l'explique :

> « *Elle se formule ainsi : si quelque chose existe, il faut aussi qu'existe un être absolument nécessaire.* »[39]

Mais, conclut-il, comme cette démarche ne nous apprend rien concernant les attributs de cet être nécessaire, on décide alors que Dieu est cet être nécessaire. Ce qui renvoie ipso facto à la preuve dite ontologique (l'idée de Dieu implique son existence). Et Kant de conclure que la preuve cosmologique n'est pas une preuve en elle-même puisqu'elle fait appel à la preuve ontologique dont il démontre qu'elle est absurde.

La preuve physico-théologique fait appel à l'idée de cause. Chaque effet ayant une cause, il faut bien qu'il y ait une cause première, car on ne peut pas reculer de cause en cause à l'infini. Cette cause première renvoie donc à un être nécessairement cause première. La preuve physico-théologique renvoie donc à l'être nécessaire de la preuve cosmologique, mentionnée ci-dessus, dont Kant a montré qu'elle renvoyait à la preuve ontologique, puisqu'elle désigne Dieu comme étant cet être nécessaire.

La preuve physico-théologique, qui n'est donc pas une preuve en soi, renvoie à la preuve cosmologique, laquelle renvoie à son tour à la preuve ontologique. La seule preuve possible est donc la preuve ontologique :

---

[39] Emmanuel Kant, *Critique de la raison pure*, trad. A. Tremesaygues et B. Pacaud, p. 432

on a l'idée de Dieu donc il existe.

La foi de la quasi-majorité des croyants est basée sur cet argument ontologique même s'il prend l'aspect d'un acte de foi : l'affirmation « je crois qu'il existe » peut aisément être remplacée par « je crois en lui donc il existe » ou « il existe puisque je crois en lui ».

Le cheminement des auteurs du livre en question est entièrement basé sur cet a priori : Dieu existe parce qu'ils y croient. Tout le reste ne sert qu'à justifier cette croyance en faisant dire à la science, à l'histoire et aux textes ce qu'ils ne disent pas.

Ainsi près de 600 pages pour réchauffer naïvement une démarche médiévale que même les théologiens contemporains lucides ont abandonnée depuis longtemps.

Voici également un exemple, parmi d'autres, particulièrement parlant des interprétations biaisées, à la limite de la mauvaise foi, de ces deux auteurs à propos d'une critique de Celse à l'encontre des croyances juives :

« *La cosmologie du peuple élu était donc tout à fait iconoclaste* (contre l'adoration des astres, comme la lune ou le soleil [note de l'auteur]). *Ceci nous vaut le commentaire scandalisé et rétrospectivement savoureux de Celse dans son Discours véritable contre les chrétiens (vers 178 apr. J.-C.)* :

"Pour ce qui est des Juifs, il y a d'abord lieu de s'étonner que des hommes qui adorent le ciel et les anges du ciel ne fassent nul état du Soleil et de la Lune, des astres fixes ou errants, c'est-à-dire de ce qu'il y a de plus auguste et de plus puissant dans le ciel, comme s'il était admissible que le tout fût Dieu et que les parties qui le composent n'eussent rien de divin." »[40]

Il convient tout d'abord de souligner que le texte cité par les auteurs ne provient pas directement du « Discours véritable contre les chrétiens » puisque ce livre a disparu. C'est une citation tirée du « Contre Celse » écrit par Origène en 248. Si l'on accepte la citation de Celse par Origène comme authentique, l'interprétation qu'en font Michel-Yves Bolloré et Olivier Bonnassies est tout à fait fallacieuse. Ces auteurs ont l'air de se gausser de Celse en interprétant sa remarque comme une affirmation, de sa part, de la nature divine du soleil et de la lune, et s'offusquant que les Juifs ne le reconnaissent pas. Alors qu'une lecture plus attentive de ce texte permet une tout autre interprétation : Celse ne comprend pas que, Dieu étant le tout, d'après la croyance juive, celle-ci nie la nature divine des astres bien que ceux-ci fassent également partie du tout. En somme, si Dieu est tout, les Juifs devraient également considérer les astres comme divins puisqu'ils sont dans le tout. Ce qui serait parfaitement logique de leur part, de ce point de vue.

---

[40] Michel-Yves Bolloré, Olivier Bonnassies, Dieu la science les preuves, nouvelle édition augmentée, Pocket, 2024, p. 346

La critique de Celse est donc tout à fait pertinente, et il ne dit pas ce qu'il pense, lui, mais ce que devraient penser les juifs compte tenu de leur croyance en un dieu omniprésent et totalité.

Qu'il puisse y avoir eu, de la part de Celle, une mauvaise interprétation de la Bible, est une tout autre affaire.

La théologie contemporaine

Il est assez surprenant de constater que la théologie contemporaine est presque aux antipodes des conceptions naïves de la création et de la recherche de preuves de l'existence de Dieu.

Prenons à témoin Jean-Marie Ploux (prêtre, théologien et formateur) qui, dans son ouvrage « *Dieu n'est pas ce que vous croyez* », prend le parti d'ignorer le paradoxe en déplaçant le problème de la création matérielle, compris comme un acte vers la création de sens.

Après avoir considéré que la question de Dieu est « *Non pas ou non plus : Dieu existe-t-il ? La réponse est indécidable et relève de la libre confiance de chacun. Mais : quelle représentation, quelle figure ou quelle conception de Dieu peut solliciter cette confiance, justifier que l'on joue sa vie sur elle ? »*[41]

Il souligne ensuite que le « *Nous ne pouvons plus comprendre ce que veut dire « Dieu créateur », ce n'est plus une représentation de Dieu qui nous parle. »*[42]

Mais, d'après lui, il ne s'agit pas d'abandonner l'idée traditionnelle de création. Elle signifie que le monde a un sens, que Dieu n'est pas le monde, elle « *rappelle que l'homme n'est pas propriétaire de la planète Terre et que ses richesses sont destinées à*

---

[41] Jean-Marie Ploux, *Dieu n'est pas ce que vous croyez*, p. 7

[42] Idib, p. 41

tous »[43], que « *la création est un « acte de parole* »[44] et surtout que « *la création c'est l'autre nom de sa présence et de son amour engagé pour que rien ne soit perdu de chaque existence humaine.* »[45]

Dans sa conclusion il nous livre, entre autres, cet aveu qui laisse perplexe le non croyant et sans doute nombre de croyants traditionnels :

> « *D'abord, je ne suis pas sûr de croire en Dieu... Je l'aime. Je l'aime sans doute très mal, mais la question de son existence ne me préoccupe pas ou plus.* »[46]

Ce livre, qui a le mérite du courage et de l'honnêteté, présente le problème de Dieu et de la création sous un jour plus séduisant, car il invite avant tout à un cheminement spirituel et non plus à la naïveté béate de vouloir prouver scientifiquement l'objet de sa croyance. Par contre, il réduit ce dieu à un être dont la déité n'a plus rien de commun avec celle à laquelle nous ont habitués les orthodoxies monothéistes :

> « *Dieu ne sait pas tout. [...] Dieu ne vit pas dans une éternité qui le mettrait à part du temps ni dans un « Ciel » qui le rendrait étranger au monde et à la terre. Si tel était le cas, autant dire qu'il n'existerait pas pour nous.* »[47]

Glissement de l'acte de création matérielle, et d'un

---

[43] Idib, p. 42-43

[44] Idib, p. 43

[45] Idib, p. 44

[46] Idib, p. 152

[47] Idib, p. 48

dieu tout puissant, vers un dieu essentiellement spirituel. Descendu de son paradis pour se rapprocher de l'humanité. Est-ce vraiment encore un dieu, être personnel, immatériel, à l'origine de tout, ou alors le simple symbole, ou prétexte, d'une aspiration spirituelle ?

Concernant les velléités de chercher des preuves, il estime qu'« *aucune démonstration de l'existence de Dieu n'a jamais ni convaincu ni converti personne* »[48] et qu'« *un dieu qui explique ne sert à rien* »[49].

On n'oubliera pas de citer également Jacques Arnould, théologien, qui à travers son livre « Dieu n'a pas besoin de preuves » condamne sévèrement cette nouvelle façon d'utiliser la science pour prouver Dieu :

« *Passe encore de nier l'existence des théories de l'évolution et d'entreprendre d'en empêcher par tous les moyens l'enseignement dans les écoles et les universités : la stratégie des premiers créationnistes avait du moins pour elle de ne pas « toucher » à la science, mais l'écarter en refusant toute compromission. En revanche, camoufler, grimer les textes bibliques pour leur donner les allures d'articles scientifiques, créer des preuves chargées de faire coïncider cette (pseudo) réalité avec l'histoire sainte ou encore traquer le moindre trou dans les savoirs actuels pour y imposer un Dieu qui puisse le colmater, c'est recourir à la falsification, à l'illusion pour chercher à contrôler un des champs les plus intimes de la personne*

---

[48] Idib, p. 30

[49] Idib, p. 35

humaine : sa foi. Je ne saurais souscrire à de telles manœuvres. »[50]

Signalons également le livre intitulé « *Il n'y a pas de problème de l'existence de Dieu* » de Paule Levert, une philosophe chrétienne du XXe siècle décédée en 1995, dans lequel on peut glaner quelques citations et réflexions ou illustrant les points de vue de philosophes chrétiens de la deuxième moitié du XXe siècle :

> « *L'application à Dieu de la catégorie de causalité est la plus grande source de l'athéisme dans le monde moderne* » (Gabriel Marcel).[51]

Paule Levert ajoute que cette utilisation de la causalité pour prouver l'existence de Dieu « *trahit l'idée du Dieu spirituel* » auquel « *elle n'apporte nullement l'intelligibilité qu'elle semble promettre* ».[52]

Elle cite abondamment deux philosophes du XIXe et du XXe siècles : Jules Lagneau (1851-1894) et Jean Nabert (1881-1960)

Jules Lagneau :

> « *Il faut se convaincre que ce n'est pas de l'existence de Dieu qu'il s'agit d'être certain* »[53]

Paule Levert précise quant à elle :

> « *Les prédicats d'ordre intellectuel, tels que*

---

[50] Jacques Arnould, *Dieu n'a pas besoin de preuves*, p. 35

[51] Gabriel Marcel, Cité par Paule Levert, dans *Il n'y a pas de problème de l'existence de Dieu* , p. 124

[52] Paule Levert, *Il n'y a pas de problème de l'existence de Dieu* , p. 124

[53] Jule Lagneau, Cours sur Dieu, p. 249, cité par Paule Levert, dans *Il n'y a pas de problème de l'existence de Dieu*, p. 129

l'infinité, la nécessité, la puissance, sont, de toute évidence, étrangers à la compréhension du divin ; ils n'ont rien de divin. »[54]

Puis citant Jean Nabert :

« *La critériologie du divin doit essentiellement se proposer de dissocier les attributs qui procèdent d'une détermination spéculative de Dieu et de ceux qui se découvrent par la réflexion sur les affirmations de la conscience religieuse et de ses implications.* »[55]

Et Paule Levert de conclure :

« *Une réflexion sur les pensées de Lagneau, de Nabert, si étrangères à la prétention de poser un problème spéculatif de l'existence de Dieu et de le résoudre au moyen de preuves rationnelles, conduit à la certitude que cette prétention est absurde et vaine. Et du même coup, elle renouvelle totalement le sens de l'affirmation de Dieu en nous ; elle montre que notre relation à Dieu doit être incomparablement plus intérieure, plus intense qu'elle ne peut l'être par le moyen de la spéculation : qu'elle est d'un tout autre ordre.* »[56]

Ceci est à rapprocher de la conception de Jean-Marie Ploux et de Jacques Arnould, et en complète contradiction avec la démarche du livre de Michel-Yves Bolloré et Olivier Bonnassies. On ne peut manquer de

---

[54] Idib, p. 135

[55] Jean Nabert, *Le désir de Dieu*, Paris, Les Éditions du Cerf, 1996, cité par Paule Levert Idib, p 135

[56] Idib, p. 164

s'interroger sur les motivations des deux ingénieurs, dont l'un est polytechnicien.

La foi de nos deux auteurs n'a donc pas évolué au point de tomber dans le piège de la preuve.

Cette stratégie, si c'en est une, ne remplira pas les églises ni ne fera revenir au bercail les agnostiques ou les athées. Elle confortera peut-être ceux qui croient en Dieu comme on croit à la métempsychose ou à l'astrologie.

Inquiets du désintérêt grandissant pour le christianisme chez la plupart de leurs concitoyens, voulaient-ils œuvrer à ramener les indécis ou conforter dans leur foi les croyants en quête de réponses.

Il est à craindre que leur démarche fasse fausse route si l'on en croit Paule Levert :

« La spéculation est incapable d'atteindre Dieu. Il est relatif à ce que nous sommes : à notre activité perceptive, à celle de nos sens et de notre entendement. »[57]

D'autre part, les auteurs se gardent bien de définir ce Dieu dont ils crient haut et fort qu'ils ont prouvé l'existence. Cette entité supérieure, est-elle unique ou plurielle ? Quelles sont ses caractéristiques ? Comment la définir ?

« Ce n'est pas le sujet du livre ! », Olivier Bonassier l'affirme dans une interview accordée à TV5MONDE[58], *« Nous, on veut essayer de répondre sérieusement à une seule question, pas qui est Dieu, mais est-ce qu'il y a un dieu créateur ou pas, est-ce qu'on peut se prononcer*

---

[57] Idib, p. 125

[58] Michel-Yves Bolloré et Olivier Bonassies : « La preuve que Dieu existe » https://www.youtube.com/watch?v=mDFb57a_S1E

sur la question. »

Pourtant à bien lire le livre, il s'agit bien du dieu du monothéisme, hérité du judaïsme comme ils le soulignent avec insistance à plusieurs reprises, et celui de l'apparition de Fatima. C'est donc le dieu du Christianisme. Ce n'est pas n'importe qui ni n'importe quoi. En réalité ce dieu était déjà là, avant même l'idée du livre, avant sa conception, avec tous ses attributs et toutes ses représentations judéo-chrétiennes.

Ce qu'on peut retenir de ce livre c'est que pour y adhérer pleinement, il faut un préalable : croire au dieu du monothéisme et de surcroit avoir la foi chrétienne. C'est pourquoi, chez les incroyants, la démonstration tombe à plat. Les agnostiques, pour qui les représentations de Dieu sont encore plus ou moins crédibles, seront peut-être sujets à quelques doutes venant titiller leur conscience, mais les athées, les athées véritables, n'y verront que des élucubrations d'une naïveté presque puérile, propre à les confirmer dans leur incroyance fondamentale.

Ces deux auteurs feraient bien de méditer ces deux phrases de Gabriel Marcel :

« *L'application à Dieu de la catégorie de causalité est la plus grande source de l'athéisme dans le monde moderne* », citée plus haut, ou encore celle-ci : « *Ce dont l'existence pourrait être démontrée ne serait pas et ne pourrait pas être Dieu.* »

Entre le théisme et l'athéisme

Il existe trois grands courants de pensée ayant essayé de se positionner par rapport à la notion de déité pour en donner une idée plus crédible, ou en évitant de se prononcer.

Notons, sans ordre préférentiel ou chronologique, le panthéisme, le déisme et l'agnosticisme, comme des garde-fous contre l'athéisme qui a toujours été, et demeure encore aujourd'hui, diabolisé par toutes les religions et qui intimide même les non-pratiquants à la limite de la non-croyance.

Le panthéisme

Une sorte d'athéisme qui n'ose pas dire son nom : Dieu n'est plus transcendant il est immanent. Il n'est plus un être personnel indépendant du monde. Il est le monde. Les autorités religieuses juives d'Amsterdam au XVIIe siècle ne s'y sont pas trompés qui ont exclu Spinoza de la communauté juive, ce qui équivalait à une excommunication.

Le déisme

Affirmation rationnelle de l'existence d'un dieu sans qu'on puisse en déterminer exactement les attributs. On reste dans un certain flou quant à la véritable nature de cette déité dont on rejette la Révélation, avec le refus de toute religion. Ce dieu devient une sorte d'hypothèse vidée de tous les attributs d'un dieu digne de ce nom. Il semble à bien des égards que le déisme est une sorte de point de passage du théisme vers l'agnosticisme.

L'agnosticisme (ou le piège de l'agnosticisme)

L'agnostique, lui ne veut pas se prononcer, il reste en dehors du débat, il ne sait pas, il ne choisit pas, il ne se prononce pas, ni affirmant ni niant l'existence d'un dieu. Attitude qui le dispense de se poser des questions.

En réalité, l'agnostique ne l'est-il pas seulement par rapport à la religion qu'il a quittée ?

Lui accorderait-il plus de crédibilité qu'aux autres ? Mais alors, il devrait s'en expliquer, trouver les raisons, s'en faire l'avocat. Ce qui en dernier ressort correspondrait à lui accorder du crédit.

Ainsi, lorsque l'agnostique se définit tel, à quels dieux pense-t-il ? À celui du christianisme, du judaïsme ou de l'Islam, c'est-à-dire plus généralement à celui de la bible abrahamique[59] ?

Qu'en est-il des déités des panthéons polythéistes : Odin et les innombrables auxiliaires de la mythologie nordique ; Zeus-Jupiter, Dionysos-Bacchus ou Hadès-Pluton des croyances gréco-romaines ; Agni, Vâya et Sûrya de la triade védique ou Brahmâ, Vishnou et Shiva de l'hindouisme ; les dieux de l'Égypte ancienne, ceux des Mayas, ceux du shintoïsme, et de beaucoup d'autres encore, sans oublier Ahura Mazdâ du zoroastrisme ?

Toutes ces divinités font-elles partie de ce refus d'interrogation en suspension ? Sinon, faudrait-il en déduire que l'agnostique ait une préférence ? Et selon quels critères ? Lui qui affirme ne rien savoir, ne pas

---

[59] Et pourtant n'a-t-on pas affaire à trois dieux bien différents ? Chez les uns c'est un dieu inclusif qui par amour de l'humanité englobe tous les humains quels qu'ils soient, quand d'autres en font un dieu exclusif qui choisit les siens au détriment du reste de l'humanité ou qui ordonne et légifère par des interdits et des diktats.

trancher ni dans l'affirmation ni dans la négation.

Celui qui ne peut affirmer ni infirmer que l'absolu existe, ou pense que cet absolu est inaccessible à l'esprit humain, de quel absolu parle-t-il ? Quelle en est la définition, quelles en sont les limites en deçà desquelles son indécision s'exerce et au-delà desquelles il rangera tout récit déiste ou théiste dans le domaine des phantasmes ou des mythologies, c'est-à-dire à crédibilité faible sinon nulle ?

En somme, a-t-il un ou des critères de crédibilité et quels sont-ils ?

Qui oserait adopter une attitude agnostique vis-à-vis de l'existence des dahus, des licornes ou des éléphants roses ?

Personne ne contestera que ce sont là de pures constructions de l'imagination.

On objectera sans doute que l'on met ici en balance deux catégories d'êtres qui ne supportent pas la comparaison. Mais alors, cela nous ramène à la question précédente : selon quels critères une catégorie d'êtres issue de l'imagination serait à même d'être plus crédible qu'une autre également issue de l'imagination. Cela signifierait-il qu'une licorne transcendante serait plus crédible qu'une licorne de chair et d'os ? Celle-ci parce que son existence doit subir le contrôle de la véracité et du tangible, et celle-là parce que justement elle ne le peut pas. Ce qui ne peut ni s'expliquer ni se prouver bénéficierait-il donc d'une plus grande crédibilité ?

Ce n'est pas que l'agnostique ne se pose pas les bonnes questions, il ne s'en pose pas … Mais, ce faisant, il y répond quand même en précisant qu'il ne peut pas y répondre, ce qui en fin de compte suppose une question. À propos de quoi exactement ?

En réalité, si l'agnostique refuse de se prononcer, c'est qu'il a fait siennes, ou qu'il a conservé, les représentations du monothéisme et qu'il est souvent dans l'impossibilité de s'en détacher.

L'athéisme et ce qu'il n'est pas

Une des premières raisons de l'athéisme, outre le manque de sensibilité pour la spiritualité de nature religieuse, est l'impossibilité d'accepter l'existence d'un être immatériel, unique, à l'origine de toutes choses, c'est-à-dire étant soi-même le tout avant que quoi que ce soit n'existe et capable de produire de la matière par la simple volonté.

Ou pour le dire autrement, l'intellect et l'affect de l'athée sont caractérisés par l'absence des représentations mentales permettant d'envisager un être tel qu'il est défini par le monothéisme.

Chez le croyant, et on pourrait sans doute affirmer sans beaucoup se tromper, chez tous les croyants, ces représentations mentales existent a priori. Soit, elles sont présentes depuis l'enfance, auquel cas elles sont bien enracinées, soit, elles ont trouvé un terrain propice à leur germination, à leur enracinement et à leur épanouissement pour aboutir à une conversion.

Concernant l'athée, quel que soit le contexte éducatif dans lequel il a été élevé, ces représentations n'ont pas pris ou ont subi un rejet, comme des greffons qui n'ont pas été acceptés par l'organisme.

Pour l'athée de base, si on peut l'entendre comme athée lambda, l'athéisme n'est pas un système philosophique, ce n'est même pas un système tout court. Tout d'abord, il n'est pas intéressé, intellectuellement ou affectivement, par l'idée de Dieu qui ne s'imprime pas dans son esprit. Elle n'a pas de prise sur lui. C'est ensuite qu'il entreprend parfois, souvent avec maladresse, par l'intermédiaire des érudits, de cerner son athéisme par des considérations philosophiques ou scientifiques afin d'en faire une conviction. Mais, a priori, ce n'est ni une connaissance, ni une croyance, ni même une conviction, encore moins un projet, mais une absence de représentation concernant un être abstrait qu'il considère comme issu de l'imagination. Et enfin, parce que, s'il va au-delà et entame une réflexion sur les attributs donnés à cet être suprême, cela l'amène à constater qu'ils sont, quelles qu'en soient les représentations, inconciliables et rendent son existence inenvisageable.

Les athées une espèce en voie de disparition ?

Lors des nombreuses passes d'armes entre athéisme et théisme, il est un argument qui laisse particulièrement perplexe et que l'on retrouve souvent sous la plume des défenseurs du théisme, c'est l'affirmation que l'athéisme n'existe pas véritablement, que les athées se croient tels, mais qu'ils n'en sont pas vraiment. Comme une façon de dénigrer l'athéisme en lui déniant toute légitimité.

En voici quelques exemples :
« *En dehors de ces athées qui nient Dieu parce qu'ils s'en font une idée plus haute que leurs contemporains, il n'y a que des athées pratiques, dont l'athéisme consiste, non pas à nier la vérité de l'existence de Dieu, mais à ne point réaliser Dieu dans leurs actes. L'athéisme pratique, c'est le mal moral, qui n'implique pas la négation de la valeur absolue de la loi morale, mais simplement la rébellion contre cette*

loi. En dehors de cet athéisme pratique, il n'y a pas vraiment d'athéisme. »[60]

« *Le véritable athéisme consisterait à nier, non l'existence, mais la réalité de l'absolu. Cet athéisme est impossible ; l'absolu est toujours affirmé comme le but où tend la nature et comme l'objet de l'intelligence et de la volonté.* »[61]

On frôle ici ce qu'on appelle la preuve ontologique de l'existence de Dieu : l'intelligence à l'idée de l'absolu, donc cet absolu est une réalité, or cet absolu étant Dieu, celui-ci est une réalité. Cependant, l'absolu est, a priori, une idée purement abstraite. Si réalité il y a, c'est une réalité abstraite. Or, le théisme est avant tout une adhésion fidéiste à la réalité d'une existence, non d'une abstraction. Le véritable athéisme est donc bien la négation de l'existence de l'absolu.

Fernand van Steenberghen, philosophe et théologien belge, dans un article intitulé *Le problème philosophique de l'existence de Dieu*, consultable sur le site Persée :

« *En premier lieu, il est possible qu'il n'y ait guère d'athées proprement dits, c'est-à-dire de personnes qui seraient sincèrement convaincues de l'inexistence de Dieu, du fait qu'elles se seraient démontré à elles-mêmes l'impossibilité de son existence. Il est difficile, en effet, de prouver que quelque chose n'existe pas : on*

---

[60] Jules l'Agneau, *De l'existence de Dieu*, (1925), p. 11

[61] Idib, p.14

peut montrer l'insuffisance de telle ou telle preuve de l'existence de Dieu, on peut même estimer que l'existence de Dieu est peu vraisemblable, à considérer les désordres de tous genres qui affectent l'univers ; mais pour éliminer vraiment l'hypothèse « Dieu », il faudrait établir que le monde de notre expérience se suffit à lui-même et exclut toute autre explication, ce qui est assurément fort difficile : en effet, ou bien on accepte la connaissance métaphysique et alors on est acculé presque inévitablement à l'affirmation de Dieu, ou bien on rejette la connaissance métaphysique, mais du coup on se condamne évidemment à une attitude agnostique, purement négative ou abstentionniste pour tout ce qui concerne un au-delà quelconque du monde de l'expérience. Il n'est donc pas évident qu'il y ait des athées proprement dits. »[62]

On pourrait croire ce texte daté si l'on n'avait rencontré le même genre d'argumentation dans des articles beaucoup plus récents.

En réponse à ces affirmations, on dira que le problème est mal posé. L'athée n'est pas du tout concerné par la question des preuves. Il peut, par jeu d'esprit, examiner les preuves de l'existence de Dieu pour en démontrer leur inanité, mais il n'a pas à prouver quoi que ce soit. Quant à la difficulté de prouver que quelque chose n'existe pas, on aurait pu mettre au défi l'auteur de cet article, s'il était encore vivant, de prouver l'inexistence de Jupiter, de Junon et

---

[62] Fernand Van Steenberghen, *Le problème philosophique de l'existence de Dieu*, Revue philosophique de Louvain, Troisième série, tome 45, n°5, 1947. p. 7 DOI : https://doi.org/10.3406/phlou.1947.4090

de Dionysos, ou alors celle de Râ, de Shiva, Brahmâ et Vishnu, pas plus que celles des kamis du shintoïsme ? (Qu'en est-il également du Diable, des anges et autres jnoun.) L'athée ne l'est pas à la suite de l'administration ou la réfutation d'une quelconque preuve, il l'est, tout d'abord, on ne cessera de le répéter, par l'absence ou l'impossibilité d'une représentation de Dieu et, renforcée éventuellement, par la constatation de l'incompatibilité de ses attributs qui déterminent un être paradoxal, voire absurde, légitimant un rejet catégorique du concept du divin du monothéiste, et par la conclusion qu'il ne peut s'agir que d'un être purement imaginaire conçu par la psyché humaine.

Claude Tresmontant est un modèle du genre à travers son livre *Les problèmes de l'athéisme*.

Citons pêle-mêle :

« *L'athéisme pur n'existe pas.* »[63]

« *L'athéisme n'a absolument pas partie liée avec le rationalisme, et le rationalisme n'a pas partie liée avec l'athéisme.* »[64]

« *L'athéisme est une foi, et l'athéisme moderne est essentiellement fidéiste puisqu'il renonce à donner des raisons pour se fonder philosophiquement.* »[65]

« *L'athéisme est une foi irrationnelle, et à ce titre il relève de la psychologie.* »[66]

« *Il apparaît que l'athéisme n'a pas de raisons*

---

[63] Claude Tresmontant, *Les problèmes de l'athéisme*, p. 438

[64] Idib

[65] Idib

[66] Idib

valables pour se justifier et se maintenir lui-même en existence, par contre il a des excuses. »[67]

« *Il existe une détestation spirituelle du monothéisme juif et chrétien, qui n'est pas causée par les corruptions du judaïsme ou du christianisme, mais par son essence même.* »[68]

« *On voit assez bien comment cette doctrine, l'athéisme, pourrait être essentiellement réactionnaire, et comment elle l'est au fond et essentiellement.* »[69]

« *On pourrait soutenir sans déraison que la vision athée du monde va finir par paralyser les efforts, l'enthousiasme, l'énergie de l'humanité, que l'athéisme va exercer une action mortelle sur les énergies humaines. En cela il est essentiellement réactionnaire.* »[70]

On est époustouflé à la lecture de telles assertions qui ressemblent étrangement à ce procédé rhétorique que l'on appelle l'inversion et qui consiste à renvoyer à l'interlocuteur les critiques dont on a été soi-même l'objet, comme une sorte de miroir réfléchissant. Procédé pour le moins maladroit et dont on peine à percevoir la bonne foi. On ressent néanmoins une certaine indulgence pour cet auteur qui, décédé en 1997, n'aura pas été témoin des violences contemporaines dues à des conflits d'où la religion est

---

[67] Idib

[68] Idib, p. 439

[69] Idib, p. 440

[70] Idib

loin d'être absente.

Claude Tesmontant, toujours, dans *Comment se pose aujourd'hui le problème de l'existence de Dieu* (1966).

« *L'athéisme pur est impensable, et il n'a jamais, en fait, été pensé, ce qui s'appelle penser : non pas seulement « dire » ou « bruiter une apparence de parole », mais intégrer le donné en l'occurrence le monde. Il existe, dans l'histoire de la pensée humaine, des philosophies panthéistes. Il existe aussi un courant philosophique non panthéiste, mais théiste, plus précisément monothéiste. Mais il n'existe pas encore, à notre connaissance, de philosophie cohérente qui ait pensé le monde dans une perspective athée.* »[71]

On réitérera ici le fait que l'athéisme commun[72] ne se rattache à aucune philosophie particulière et ne constitue en aucun cas un système philosophique ni même scientifique. On émettra néanmoins un doute quant au fait qu'il n'existerait pas de pensée scientifique ou tout au moins d'hypothèse scientifique ayant envisagé le monde dans une perspective non théiste. On se reportera au livre de Stephen Hawking, « *Y a-t-il un grand architecte dans l'univers ?* » dans lequel il expose les théories et hypothèses scientifiques les plus récentes et conclue qu'« *Il n'est nul besoin*

---

[71] Claude Tresmontant, *Comment se pose aujourd'hui le problème de l'existence de Dieu*, p. 386

[72] Ce qu'il faut entendre ici par athéisme commun, c'est celui de tout un chacun, dont les connaissances dans les domaines philosophique et scientifique sont relativement limitées, et qui ne sont pas à l'origine de son incroyance, laquelle est néanmoins sincère et indéfectible.

d'invoquer Dieu pour qu'il allume la mèche et fasse naître l'Univers. »[73]

Camille Riquier (dans une interview pour l'express,) : « *Les athées, eux, confessent parfois qu'ils aimeraient croire, mais n'y arrivent pas, comme le reflète bien le livre Le Royaume d'Emmanuel Carrère, dans lequel il raconte son échec à croire. L'athéisme était très fort au XXe siècle. Aujourd'hui, je connais peu d'athées autoproclamés.* »[74]

Cette généralisation à partir d'un cas particulier n'engage que son auteur. Quant à la dernière constatation, on dira que les athées ne le crient pas ou plus sur les toits, contrairement aux croyants. D'autre part, ainsi que le constate d'ailleurs Claude Tesmontant, l'athéisme ordinaire, c'est-à-dire celui de l'homme ordinaire, ne se rattachant à aucun système philosophique, reste forcément silencieux. Celui qui croit, le manifeste et le crie haut et fort, celui qui ne croit pas n'a rien à dire... a priori, sauf si la voix des croyants devenant un peu trop bruyante, il se prend à élever la voix... d'où le présent livre.

On n'oubliera pas de citer Michel-Yves Bolloré et Olivier Bonnassies dont les assertions et les conclusions nous étonneront toujours, parfois jusqu'à la consternation, de la part de deux hommes dont l'un est passé par l'une des écoles les plus prestigieuses, et qui

---

[73] Stephen Hawking et Leonard Mlodinow, *Y a-t-il un grand architecte dans l'Univers ?* (The Grand Design), p. 219

[74] Camille Riquier, interview pour l'Express, *Aujourd'hui, je connais peu d'athées autoproclamés*, publié le 07/01/2024

s'abaissent à des raisonnements d'une puérilité assez déconcertante. Qu'on en juge par les conclusions de ces deux auteurs à l'adresse de ceux qu'ils désignent du nom infamant de « *matérialistes* » :

« *En toute logique, une seule preuve valable suffit à valider une thèse, à l'inverse, pour démontrer qu'une thèse est fausse (au cas présent, celle de l'existence de Dieu), il est nécessaire de prouver que toutes les preuves avancées sont fausses.*

Ainsi, pour nier l'existence de Dieu, ils (les matérialistes) *n'auront pas d'autre choix que de croire simultanément que :*

- *Il existe un nombre quasi infini d'autres univers que le nôtre, car c'est aujourd'hui le seul joker possible pour échapper au problème du réglage de l'Univers (ils devront y croire dur comme fer, même s'il n'existe pas le moindre indice, ni la moindre preuve de cette thèse) ;*
- *Le premier de ces univers en nombre quasi infini n'est sorti de rien ;*
- *Le saut de l'inerte au vivant fait partie du domaine des problèmes acceptables ;*
- *Jésus n'est qu'un aventurier qui a échoué ;*
- *Les surprenantes vérités de la Bible relèvent d'un coup de chance ;*
- *Le destin du peuple juif n'est pas hors du commun ;*
- *Le miracle de Fatima est une supercherie ;*
- *Le bien et le mal n'existent pas et, par conséquent, tout est permis.* »[75]

Si tant est qu'il faille assimiler le matérialisme à

---

[75] Michel-Yves Bolloré, Olivier Bonnassies, *Dieu la science les preuves*, nouvelle édition augmentée, Pocket, 2024, p. 557 et 558

l'athéisme, aucune de ces assertions ne fait partie d'un acte de foi susceptible de fonder une doctrine athée. Pour la raison première qu'il n'existe aucune doctrine athée. Ensuite, parce que l'athéisme n'est à chercher dans aucune théorie scientifique quelle qu'elle soit, et que Jésus, ainsi que les soi-disant vérités de la Bible ou le destin du peuple juif, ou encore Fatima, ne font pas partie des préoccupations et des cogitations d'un athée. Celui-ci ne se préoccupe nullement de savoir ce qu'il pourrait y avoir éventuellement au-delà de l'univers. Que des scientifiques émettent des hypothèses pour tenter d'expliquer l'existence de l'univers, c'est leur droit et ils en ont toute légitimité, mais cela ne concerne en rien l'athée, ni même le croyant d'ailleurs, celui-ci ayant toujours le loisir d'éclairer les zones d'ombre en utilisant son Joker suprême et transcendant.

Ainsi, L'athéisme moderne est-il mort comme le soutient le frère Paul Adrien d'Hardemare dans une interview d'Olivier Bonnassies, ou se serait-il éteint de sa « belle mort » comme le souhaitait Philippe Nemo, en 2012 ?[76] Pourtant si l'on en croit les statistiques de l'association GALLUP international, le nombre de Français se déclarant athées, qui cette même année 2012 était en augmentation de 15% par rapport à 2007 et représentait 29% des personnes interrogées, est passé à 32% en 2022. Il semble qu'on ait ici l'illustration que l'athéisme moderne est devenu un phénomène sociétal en expansion qui ne se réfère à aucun programme, si tant est qu'il y en ait eu (à moins qu'il ne faille considérer qu'ayant atteint leurs objectifs, ces programmes soient devenus caduques).

---

[76] Philippe Nemo, *La belle mort de l'athéisme moderne*, Puf, 2012

Cette agitation d'arrière-garde semble bien pathétique, et il est douteux qu'elle puisse résoudre les problèmes auxquels sont confrontés les sociétés modernes.

Le dénigrement de l'athéisme dénote très souvent de la prétention, une suffisance excessive, de la part de personnes convaincues d'avoir trouvé La Vérité, leur vérité, et qui refusent qu'on puisse la considérer comme inadmissible, que l'on devrait, au pire, adopter une attitude purement « abstentionniste ».

L'athée ne nie pas qu'il puisse exister quelque chose au-delà de l'expérience humaine, mais il refuse toute spéculation métaphysique qui présuppose l'existence d'un être, qu'il considère issu de l'imagination, capable de remplir toute la vacuité de ce que les hommes ne comprennent pas et ne connaissent pas, et surtout, de projeter en cet imaginaire tout ce que l'humanité peine à exprimer ou en est incapable : l'altruisme, la bienveillance, la compassion, la tolérance, l'amitié, en un mot, de l'empathie pour tout autre humain quel qu'il soit et d'où qu'il vienne.

Face à cet athéisme tant redouté, l'argument ultime tiendrait-il dans cette affirmation que Dieu serait le « désir fondamental » de l'humanité ?

Dieu, désir fondamental ?

Nous ne voudrions pas terminer sans examiner certaines assertions qui nous semblent infondées ou abusives comme celle qu'il existerait, comme le pense Jules Lagneau « *un mouvement naturel qui porte les hommes à croire en Dieu* »[77] ou que « *l'humanité, dans son ensemble, croit en l'existence de Dieu* »[78], ou encore, comme l'affirme Paule Levert, que le désir de Dieu serait le « *désir unique, fondamental de toutes les consciences* »[79].

Ce type d'affirmation, que l'on peut rencontrer dans de nombreux écrits, suppose l'universalité de l'idée de Dieu (la majuscule indique à l'évidence qu'il s'agit, dans l'esprit de ces auteurs, du dieu du monothéisme) non seulement dans l'espace géographique, mais aussi dans le temps et, pourrait-on ajouter, uniforme au niveau des consciences individuelles, ou pour le dire autrement, s'exprimant uniformément dans toutes les consciences prises individuellement.

Cette affirmation de l'universalité de l'idée de Dieu soulève un certain nombre de questions :

- Qu'en est-il des religions dont les déités sont absentes comme le bouddhisme, le taoïsme et le confucianisme ?
- Le rapport aux déités dans les religions

---

[77] Jules Lagneau, *De l'existence de Dieu*, p. 1

[78] Idib, p. 2

[79] Paule Levert, *Il n'y a pas de problème de l'existence de Dieu*, p. 165

polythéistes est-il semblable au rapport au dieu unique des religions monothéistes ?

- Partant de ces deux premiers questionnements, peut-on considérer que la même conception de croyance en Dieu est applicable indifféremment à l'ensemble de l'humanité, d'une part, et, historiquement parlant, à l'ensemble des religions depuis que l'homme existe ?

- Enfin cela pose aussi la question de la propagation historique de la foi concernant les principales religions monothéistes que sont le christianisme et l'islam, mais aussi la place de Dieu dans ces religions et la façon d'appréhender l'idée de Dieu ou, plus exactement, la manifestation de la foi au niveau individuel.

La première interrogation qui nous vient à l'esprit concerne la comparaison possible entre les monothéismes et les polythéismes, d'une part, et les monothéismes et les religions non théistes comme le bouddhisme, le taoïsme et le confucianisme, d'où les déités sont absentes, d'autre part.

L'Asie, à elle seule, compte plus de trois milliards d'êtres humains, soit près de la moitié de l'humanité, dont la majorité ne pratique aucune religion monothéiste, ni même théiste[80].

Concernant le polythéisme, en Inde, forte de son

---

[80] De nombreux pays d'Asie, dont les plus peuplés sont : la Chine (plus d'un milliard quatre cent mille habitants), le Vietnam, la Thaïlande, la Birmanie, le Népal, la Corée du Nord, le Sri Lanka... auxquels peuvent s'ajouter d'autres pays dans lesquels une part importante de la population est bouddhiste, comme le japon, la Corée du Sud et la Malaisie.

milliard 380 millions d'habitants, l'hindouisme est majoritaire. Religion polythéiste qui, avec ses innombrables dieux, ressemble à un mélange de mythologie, de légendes et de croyances apparentées à l'animisme. Au Japon, les deux principales religions sont le bouddhisme et le shintoïsme. Ce dernier s'apparente par bien des aspects à une croyance animiste, plus qu'à un véritable polythéisme, par la déification de la nature et dont la pratique religieuse est comparable à celle de l'adoration des saints dans le christianisme. Ce n'est pas un hasard si les lieux de culte shinto sont appelés des sanctuaires et non des temples, appellation réservée au bouddhisme. On y vient le jour de l'an, parfois pour les mariages[81], mais on s'adresse plutôt au bouddhisme pour les funérailles, parfois indépendamment de toute pratique religieuse. Les sanctuaires shinto n'ont pas de cimetière (hormis pour quelques êtres exceptionnels comme certains samouraï vénérés comme des dieux), ceux-ci sont réservés au bouddhisme. Le shintoïsme n'est pas une religion que l'on pratique à la maison ou individuellement. Ici, la religion est prétexte au cérémonial, le terme de foi semble inapplicable à la mentalité japonaise, d'une manière générale.

Dans les religions traditionnelles africaines également, souvent présentées comme monothéistes, la notion de déité suprême n'a rien à voir avec celle du dieu personnel des monothéistes abrahamiques, cela

---

[81] Les mariages ont parfois lieu dans une église catholique ou protestante, sans qu'il y ait la moindre conversion, par pur désir d'un cérémonial « exotique ».

s'apparente plus une cosmogonie. La présence de déités secondaires et d'esprits en tout genre en fait plus des religions polythéistes voire des croyances animistes.

Autrefois, les religions qui ne considéraient pas le dieu abrahamique comme étant la seule déité étaient considérées comme païennes, c'est-à-dire équivalentes à des athéismes, les concepts de dieu dans les religions polythéistes et dans les religions abrahamiques étant considérés comme fondamentalement différents. Ce que semble confirmer le choix d'une étymologie concernant le mot religion : *relegere* (cueillir, rassembler) ou *religare* (lier, relier).

Alors que l'étymologie véritable serait, paraît-il, plutôt *relegere*, il est assez remarquable que le christianisme ait toujours préféré la voir dans *religare*, soulignant ainsi la relation de l'homme à Dieu :

« Rappelons enfin que, contrairement à ce qui est dit et répété, la racine étymologique première du mot religion n'est pas religare, relier, *mais* relegere, *exécuter avec scrupule, recueillir fidèlement. Cette différence est très significative : alors que ce dernier sens est typique des religions polythéistes, où le plus important est de faire ce qu'il faut comme il faut et quand il le faut, le mot* religare, *qui a été mis en avant par Lactance (260-325) avec le triomphe du christianisme, met l'accent sur la relation entre les hommes et avec Dieu. »*[82]

Les monothéismes, et le Christianisme peut-être plus que les autres, donnent effectivement une grande importance à la relation de l'homme à un dieu personnel et unique. La prière chrétienne ne passe pas forcément par la récitation de textes sacrés en groupe, le

---

[82] Yves Lambert, *La Naissance des Religions. De la préhistoire aux religions universalistes*, p. 30

croyant peut s'adresser directement à Dieu avec ses propres mots en une prière intérieure. Le polythéisme, en général, donne plus de place aux rituels, aux psalmodies qu'à la prière intime qui est l'expression d'une relation plus spirituelle à la déité.

Les assertions de Jules Lagneau et Paule Levert posent aussi le problème du concept de foi tel qu'il est largement utilisé chez les chrétiens. Le rapport à la croyance est-il commun à toutes les religions, notamment aux religions polythéistes comme en Inde ou au Japon. La question « avez-vous la foi ? » ou même « croyez-vous en Dieu ? » est-elle possible lorsque l'interlocuteur est adepte d'une religion polythéiste ? La problématique ne serait-elle pas plutôt de savoir en quel dieu il croit, et ce qu'il représente pour lui, ou encore quel dieu a sa préférence, et quelles en sont les raisons, mais aussi à quels dieux s'adresse-t-il selon les circonstances.

Lorsqu'un Japonais fait sonner la cloche d'un sanctuaire Shintô avant de frapper trois fois dans ses mains, a-t-il vraiment conscience d'entrer en communication avec une déité, où le fait-il par pure habitude coutumière avec un soupçon de croyance animiste ? Chaque sanctuaire est dédié à un kami ou plusieurs kamis (dieux ou déesses du panthéon shinto, esprits divins, éléments de la nature, animaux, ou encore esprit de personnes décédées comme d'anciens héros samouraïs déifiés).

On est ainsi en droit d'émettre des doutes sur la soi-disant universalité de l'idée de Dieu.

Mais qu'en est-il, aussi, de l'histoire de l'évolution

des religions ?

Dans son livre « *La Naissance des Religions. De la préhistoire aux religions universalistes* », Yves Lambert (Sociologue) montre que d'une manière générale, concernant l'évolution des religions, on distingue trois phases qui vont des croyances primitives (considérées parfois comme animistes, totémistes ou chamanistes) aux religions polythéistes et pour finir avec les religions de salut (bouddhisme ou religions karmiques, religions monothéistes). La croyance en un dieu personnel unique, tel que le conçoivent les croyances abrahamiques serait donc quelque chose de récent dans l'évolution de l'humanité[83]. Encore un argument qui semble contredire l'universalité de l'idée de Dieu tel que la conçoivent les religions monothéistes.

Si, maintenant, on interroge l'histoire du christianisme, celui-ci s'est imposé par la volonté des empereurs Constantin et Théodose, et par la destruction des temples dits païens ou par la force de l'épée comme avec les chevaliers teutoniques qui imposèrent le christianisme en Prusse au XIIIe siècle. L'islam s'est également répandu à la force des cimeterres. Les peuples se convertissent volontiers, ou contraints et forcés, aux religions des vainqueurs.

Une fois que la religion s'est imposée, installée, il est impossible de la remettre en question, elle devient

---

[83] Rappelons le texte déjà cité plus haut : « *Le monothéisme tel que nous le concevons, avec un Dieu unique qui était originellement celui d'Israël, est né tardivement, vers les VIe-Ve siècles avant notre ère, au sein du peuple hébreu.* » (Thomas Römer, Administrateur et professeur au Collège de France, chaire « Milieux bibliques »).

religion d'État et plus encore l'expression de La Vérité. C'est ainsi que pendant des siècles l'idée d'un dieu unique, à l'origine de tout, s'est ancrée à un tel point dans les esprits que l'immense majorité des gens n'envisageaient pas la moindre remise en cause de cette « Vérité ». Cette idée n'est pas, l'a-t-elle jamais été, due à l'émergence de la conscience individuelle, elle s'est imposée pour ne pas dire qu'elle a été imposée. La conscience, elle, se nourrit dans les limites de ce qu'on lui permet de consommer.

N'oublions pas que certaines religions sont encore, dans certains pays, des religions d'État et que la croyance en un dieu unique reste encore dans de nombreux pays une obligation et que le rejet de cette croyance est encore passible de mort. On pourrait dire sans exagération qu'il y est interdit de ne pas croire. Comment dans ces conditions parler de conscience ?

Ainsi, les trois courants religieux abrahamiques permettent-ils vraiment d'étayer l'affirmation de Paule Levert que Dieu serait le « *désir fondamental de toute conscience* » ou celle de Jules Lagneau qu'un mouvement naturel « *porte les hommes à croire en Dieu* » ?

La religion est avant tout un phénomène culturel et donc essentiellement social. Avant d'être l'expression de la conscience individuelle, Dieu fait avant tout partie des représentations socioculturelles. On peut affirmer, sans pécher par excès d'une interprétation partisane, que la croyance en Dieu est devenue l'expression d'une conscience individuelle surtout chez des êtres d'exception, comme chez les saints de la chrétienté ou certains religieux engagés dans une vie consacrée à la spiritualité. La foi de l'immense majorité des personnes se disant croyantes ne s'exprime bien souvent que dans la communion avec les autres croyants, par l'intermédiaire de la prière, du chant et des cérémonies religieuses. Lorsque le croyant se retrouve seul avec sa pratique religieuse, celle-ci traduit bien souvent une crainte de la colère d'un dieu sévère, punissant et châtiant, auquel on demande miséricorde, ou d'accéder à ses désirs personnels et matériels, et surtout avec lequel on négocie son entrée dans l'au-delà. La pratique religieuse fait souvent partie d'un certain nombre d'obligations qui si elles ne sont pas respectées peuvent entraîner l'irritation de son dieu avec des conséquences négatives dans la vie après la mort ou la sanction d'une marginalisation sociale. Attitude et pratiques aux antipodes d'une foi authentiquement spirituelle et qui s'apparentent à bien des aspects à de la superstition ou de l'idolâtrie.

Dieu est-il donc vraiment le désir fondamental de toute conscience ? L'idée de Dieu ne semble pas innée, elle serait plutôt un acquis, un conditionné, comme le langage maternel. Ce qui est commun à toutes les consciences, sinon fondamental, n'est-ce pas cette triple angoisse ontologique[84], eschatologique[85] et

---

[84] « *Personne ne peut échapper à l'angoisse de se savoir mortel et de comprendre que tout ce qui fait le prix de la vie, amours, amitiés, réussites, est sujet à la dégradation et à la mort.* » Janine Chanteur, *Écouter l'angoisse* (1997), ch. *La dimension ontologique de l'angoisse*, pages 57

[85] Angoisse eschatologique : peur de la fin du monde.

existentielle[86] qui fait craindre la fin de la vie comme la fin du monde et surtout cette angoisse sourde et muette, parfois inconsciente, que l'on peut parfois ressentir au fond de soi sans en comprendre l'origine et qui nous pousse à la quête d'un impossible antidote ?

---

[86] Jean Brun (agrégé de l'Université, docteur ès lettres, professeur de philosophie à l'université de Dijon) parlant d'Heidegger : « *Il est bien remarquable, note-t-il, que, lorsque l'angoisse est passée, nous disons volontiers : ce n'était rien du tout, car c'est précisément ce rien qui nous angoissait. L'être angoissé éprouve qu'il ne peut se comprendre à partir du monde et qu'il demeure isolé en lui-même : nous sommes angoissés devant notre être-dans-le-monde.* », Encyclopædia Universalis, art. Angoisse existentielle, https://www.universalis.fr/encyclopedie/angoisse-existentielle/

En guise d'épilogue

Les pages qui précèdent n'appellent aucune conclusion particulière, car il n'a pas été question ici de démontrer et surtout pas de prouver quelque chose, si ce n'est de montrer que toute croyance est une question de représentations que l'on fait siennes ou, dans le cas contraire, auxquelles on n'adhère pas ou qui sont tout simplement absentes, et aussi de constater que, si l'on s'en tient à la seule logique, les attributs de Dieu sont incompatibles avec le concept de création. Les théologiens en ont toujours été conscients et ont cherché, de tout temps, avec plus ou moins de bonheur, de produire des interprétations acceptables à l'entendement et à la foi de leurs contemporains, mais ils se sont toujours, et de nos jours plus que jamais, aventurés dans des concepts et des images abstraits indéchiffrables par le commun des mortels.

Pour le croyant lambda, par contre, cela n'a, semble-t-il, jamais été un problème. En réalité s'est-il jamais posé des questions ? Sans doute, il ne le veut pas, mais surtout, il ne le peut pas.

Lorsque le croyant lambda qui pénètre dans une église, une mosquée ou une synagogue, vient-il vraiment chercher des réponses à des questionnements métaphysiques ou plus précisément ontologiques ? Connaît-il seulement la signification de ces deux mots ?

Il en va des croyances comme des sentiments : tout repose sur des affects et des représentations enracinées dans les esprits depuis des générations et des générations. Incontrôlables, insensibles aux raisonnements, elles possèdent l'esprit et lui font admettre comme vérité ce que toute la logique humaine serait incapable de démontrer, et accepter comme réels des faits dont l'authenticité peut être mise en doute, sinon réfutée, par le simple bon sens.

La seconde raison, qui n'est en somme que la conséquence de la première, tient au fait que, chez l'immense majorité des croyants, la conviction de l'existence d'une déité est indissociable du récit mythologico-légendaire, des pratiques rituelles, parfois des liens identitaires ou de la spiritualité qui lui sont associés, et surtout des attaches affectives qui relient le croyant à ses proches, à sa communauté, à ses coreligionnaires, à sa terre et ses croyances ancestrales. Le croyant lambda est, d'une façon générale, dans l'impossibilité de regarder sa croyance de l'extérieur. S'il le fait, c'est qu'il est déjà dehors.

Ainsi, le croyant n'est pas obnubilé par l'existence de son dieu, du moins n'en fait-il pas un a priori. Il ne part pas de lui, pas plus qu'il n'y aboutit, parce que ce dieu n'est pas une entité séparée de cette totalité que constitue sa croyance et des représentations qui la sous-tendent.

L'incroyant, ou son représentant le plus catégorique, l'athée, a, en général, au cours de sa *décroyance* (s'il n'est pas athée de naissance), opéré une déconstruction, une dissociation des éléments qui constituaient sa croyance primitive pour se retrouver face à des représentations qui ne lui disent rien, ou, tout simplement, à une absence de représentation.

Pour tout athée, le concept « dieu » n'a pas de contenu.

L'athéisme n'est pas un anti-théisme, c'est un a-théisme. Il n'est donc assujetti ni à la preuve ni au remplacement par une autre croyance, ni même à la justification. Ce n'est pas un combat ni un débat, pas même un prédicat, c'est un simple constat d'invalidité d'un concept.

Les représentations de l'athée s'arrêtent aux limites spatiales et temporelles de l'univers. Quant aux réponses à ses questionnements ontologiques (si tant est qu'il en ait), il s'en remet à la science, parfois à la philosophie, mais ce n'est pas d'elles qu'il tire les raisons de son incroyance. La science est moins la cause directe de l'athéisme que de l'effritement des représentations de Dieu, elle n'explique rien de plus que ce qu'elle a trouvé dans les faits qui vérifient ou infirment ses hypothèses.

Quant à la question initiale sur l'existence de Dieu, a-t-elle encore un sens ?

Jean-Marie Ploux a raison lorsqu'il écrit que la question n'est pas de savoir si Dieu existe, mais « *quelle représentation, quelle figure ou quelle conception de Dieu peut solliciter cette confiance* »[87]. En ce qui concerne l'athée, il n'en a pas.

Si Dieu est « *l'insaisissable, l'inconnaissable, l'incompréhensible, l'indicible, l'ineffable* »[88] comme le souligne Jacques Arnould, alors on ne peut le

---

[87] Jean Marie Ploux, *Dieu n'est pas ce que vous croyez*, p. 7

[88] Jacques Arnould, *Dieu n'a pas besoin de preuves*, chap. *La foi, entre le Royaume et les ténèbres*, *Le dos de Dieu*

nommer, ni en donner aucune définition, ni en avoir la moindre représentation. C'est exactement l'état d'esprit de l'athée, et ce n'est pas forcément choisir les ténèbres[89] ... Mais c'est une autre histoire.

---

[89] En référence à la conclusion de « *Le hasard et la nécessité* », de Jacques Monod, citée par Jacques Arnauld : « *L'ancienne alliance est rompue ; l'homme sait enfin qu'il est seul dans l'immensité indifférente de l'Univers d'où il a émergé par hasard. Non plus que son destin, son devoir n'est écrit nulle part. À lui de choisir entre le Royaume et les ténèbres.* »